DAS GEHEIME
HEXENORAKEL
AUS DEM BUCH DER SCHATTEN

DAS GEHEIME HEXENORAKEL AUS DEM BUCH DER SCHATTEN

Von Maja Sonderbergh

INHALT

VORWORT

In diesem Buch gebe ich ein Geheimnis aus dem *Buch der Schatten* preis, über das ich bisher noch nicht geschrieben oder gesprochen habe. Lediglich meine Schülerinnen habe ich in die Kunst der Orakeldeutung eingeweiht. Aus gutem Grund, denn das Orakel ist ein mächtiges Werkzeug für Hexen. Nichts anderes kann uns besser helfen, unsere Macht kennen und nutzen zu lernen. Doch ich sehe, dass viele junge Hexen schnell lernen und mit ihrer Kunst verantwortungsvoll umgehen. Daher habe ich beschlossen, dich auch in dieses Kapitel der magischen Künste einzuführen.

Das Orakel wird dir helfen, Antworten auf deine Fragen zu finden. Du kannst alle Fragen an das Orakel aus dem *Buch der Schatten*, das so genannte Schattenorakel, stellen, die dir wirklich am Herzen liegen. Du kannst offen sein und brauchst dich für keine deiner Unsicherheiten zu schämen. Es wird dir helfen, neue Perspektiven zu sehen, neue Möglichkeiten zu bedenken. Am Ende wirst du klarer sehen und besser eine Entscheidung treffen können. Deine magische Energie wird dich dabei leiten. Vertraue auf deine Verbindung zur Natur, erkenne, dass du Teil eines großen Ganzen bist und das Orakel wird auch zu dir sprechen.

**Viele Fragen, viele Antworten
und vor allem viel Spaß wünscht dir
deine Maja**

ORAKEL –
WAS IST
DAS?

Voraussagen über die Zukunft machen zu wollen ist seit jeher eine Besonderheit des Menschen. Wir wollen nicht allein im Universum sein und sehnen uns danach, dass uns jemand, der weiser ist als wir, den Weg weist. Orakel gab es deswegen schon immer. Du wirst sicher einige bereits kennen. Ein sehr berühmtes Orakel ist das Apollon Orakel in Delphi. Dorthin kamen die Menschen aus aller Herren Länder, um die Pythia zu befragen. Dies war eine schon etwas betagte Jungfrau – betagt deswegen, weil man das Entführungsrisiko begrenzen wollte, und Jungfrau, weil man diesen einen besonderen Draht zur spirituellen Welt nachsagte. Die Sprüche der Pythia waren mehr als kryptisch, und ihre Deutung wurde im Grunde dem Fragesteller selbst überlassen. Dennoch wurden die Deutungen sehr ernst genommen und peinlich genau befolgt. Das Orakel von Delphi hatte zu manchen Zeiten sogar eine wichtige politische Rolle und konnte über Krieg und Frieden entscheiden.

In der Geschichte wurde ein Orakel oft als Medium gesehen, in dem sich ein übernatürlicher Willen äußert. Dieses Medium konnten Priester und Priesterinnen sein. Oder auch Hexen, die von Königen im Altertum um einen Orakelspruch gebeten wurden. Die Natur hat schon immer eine wichtige Rolle bei verschiedenen Orakeln in der Geschichte gespielt. So wurde zum Beispiel aus dem Knistern brennender Lorbeerblätter die Zukunft gelesen, ja es wurde sogar der Gesang der Vögel als ein Zeichen gedeutet, das über Krieg und Frieden entscheiden konnte.

Das Wort „Orakel" leitet sich vom lateinischen orare = reden ab, und das gibt uns eigentlich den ersten Hinweis, was ein Orakel wirklich für uns Hexen von heute leisten kann. Wir fragen und erhalten eine Antwort. Woher diese Antwort kommt, wird unterschiedlich interpretiert. Das Schattenorakel stellt eine Verbindung zwischen Fragesteller und den Pflanzen her. Jede dieser Pflanzen hat eine Bedeutung, nicht nur innerhalb des Orakels, sondern auch in Zaubertränken und Ritualen. Wenn für den Fragesteller nun eine bestimmte Kartenkombination gelegt wird, geschieht dies nicht durch Zufall, sondern weil das Orakel ihm dadurch eine Antwort auf seine Frage geben möchte. Die Deutung dieser Antwort liegt bei uns – und das erfordert ein bisschen Übung wie jede Hexenkunst. Ich persönlich mag es gar nicht, wenn manche Menschen in einfache Zufälle ein Orakel hineininterpretieren: „Wenn ich als Nächstes ein rotes Auto sehe, heißt das, ich soll ihn küssen." „Wenn ich eine Münze werfe und sie liegt auf Zahl, dann heißt das, ich soll heute nicht zur Schule gehen." Das ist im besten Falle nur ein Spiel. Und im schlimmsten Falle dumm, denn so gibt man sein Schicksal aus der Hand. Ein richtiges Orakel gibt Denkanstöße und lässt dich die Antwort tief in dir finden.

Das Orakel aus dem *Buch der Schatten* arbeitet also wie andere Orakel auch mit den Kräften der Natur. Es sagt keine Zukunft voraus, sondern gibt dir Gelegenheit, dich in schwierigen Fragen neu zu orientieren. Ein Orakel ist also nichts Übernatürliches oder etwas, wovor man Angst haben sollte. Du hast immer die Fäden in der Hand und wirst sie als gute Hexe auch niemals jemand anderem übergeben!

Die Zukunft
voraussagen heißt
versuchen, die
Zukunft zu
beherrschen.

Die 10 Wichtigsten Fragen zu Orakeln – und meine Antworten

1 *Ist es gefährlich, ein Orakel zu befragen?*

Nein. Natürlich darfst du nicht dein ganzes Leben nach einem Orakelspruch ausrichten. Wenn du keinen eigenen Schritt mehr tun kannst, ohne vorher das Schattenorakel befragt zu haben, dann solltest du dich ernsthaft fragen, ob du dir nicht allzu viel Sorgen machst und zu unsicher bist. Das Orakel kann dir nur in Fragen, die dir am Herzen liegen, eine Orientierungshilfe geben. Du allein entscheidest, wie du den Orakelspruch interpretierst und wie du dein Leben danach ausrichtest. Und du entscheidest auch, ob du den Spruch überhaupt akzeptierst. Solange du in dieser Form die Kontrolle über deine Entscheidungen behältst und die Verantwortungen für deine Handlungen übernimmst, kann nichts schief gehen.

2 *Wie oft darf ich ein Orakel befragen?*

So oft du möchtest. Bedenke allerdings meine Antwort auf die erste Frage. Wenn du meinst, das Orakel bei jeder Entscheidungsfindung zu brauchen, dann befragst du es zu oft. Das Orakel wirkt am besten, wenn es sich um emotionale Fragen handelt, bei denen du selber nicht klar siehst. Die Antwort und vor allem dein Nachdenken darüber wird dir weiterhelfen. Wie oft du es befragst, hängt davon ab, wie häufig sich solche Fragen in deinem Leben stellen. Das kann phasenweise sehr häufig sein und dann monatelang wieder gar nicht. Du selber kennst deine Bedürfnisse. Natürlich wirst du auch das Orakel für andere Menschen befragen, wenn du dich gut mit den Karten und ihrer Bedeutung auskennst. Das kannst du so oft machen, wie es deine magischen Kräfte und deine Konzentration zulassen. Dieser Punkt ist wichtig, denn du solltest das Orakel niemals „so nebenbei mal eben schnell" anrufen, sondern dich ihm immer mit deiner vollen Aufmerksamkeit widmen. Das garantiert allein schon das Vorbereitungsritual (s. S. 35), das du vor jeder Sitzung – auch mit anderen Menschen – durchführen solltest.

3 *Kann ein Orakel in die Zukunft sehen?*

Ein klares Nein! Entgegen der weitläufigen Meinung ist ein Orakel nicht dazu da, in die Zukunft zu sehen. Das Orakel nimmt deine aktuellen Schwingungen, deine Energie und deine Gefühle (oder die des Fragestellers) auf und gibt ihnen eine Struktur. Diese Struktur zeigt sich in der Bedeutung der Pflanzen, die auf den Karten abgebildet sind. Was wir mit diesen Karten verbinden – Gedanken, Gefühle, Erinnerungen, Hoffnungen –, bündelt sich in dem Spruch und in deiner Interpretation des Spruches. Und diese Bündelung, dieses „auf den Punkt bringen", erlaubt uns zu sehen, was passieren wird, wenn die aktuelle Energie tatsächlich so weiter schwingen wird, wie sie es jetzt tut. Die Entwicklung in der Zukunft, welche Antwort du auf deine Frage findest, bestimmt kein Orakel, sondern allein du. Und damit auch deine Zukunft.

④ Kann man ein Orakel auch zu zweit befragen?

Ja. Du kannst das Orakel alleine, also nur für dich, befragen. Dann bist du natürlich mit der Interpretation der Karten ganz alleine und musst dich auf dein Urteilsvermögen verlassen. Du kannst das Orakel aber auch für eine Freundin legen. In diesem Falle muss sie Teil des magischen Kreises sein und die Karten einige Zeit berühren, damit diese ihre Energie „kennen lernen", das heißt in sich aufnehmen, können. Du legst die Karten für deine Freundin und übernimmst auch die erste Deutung. Danach redet ihr beide gemeinsam über den Spruch und was er tatsächlich für die Beantwortung der Frage bedeutet. Wenn deine Freundin auch eine Hexe ist, kann ich nur empfehlen, dass sie auch einmal die Deutung für dich übernimmt. Das erlaubt noch einmal eine ganz neue Perspektive auf den Orakelspruch und bringt manchmal ganz überraschende Ergebnisse.

⑤ Welche Fragen darf ich einem Orakel stellen?

Alle Fragen, die dir wichtig sind. Allerdings wird dir das Orakel niemals mit einem einfachen „Ja" oder „Nein" antworten. Wenn du es also fragst: „Soll ich die Schule wechseln?", dann wird das Schattenorakel dir Hinweise über die Grundlagen geben. Also, warum dich diese Frage verunsichert, wie deine Rolle in der alten Schule war und auch, welche Möglichkeiten sich in der neuen für dich auftun werden. Mithilfe dieser Deutung wirst du dann von alleine zu einer eindeutigen Antwort finden. Wenn nicht – und das kann natürlich auch vorkommen – wende dich am besten an Eltern oder Freunde und besprich das Problem mit ihnen. Orakel sind nicht allmächtig!

⑥ Ist das Orakel aus dem Buch der Schatten übernatürlich?

Nein, im Gegenteil. Es basiert auf den Kräften der Natur. Es arbeitet mit Pflanzen und ihrer magischen Bedeutung. Wenn du schon eine Hexe bist, wirst du wissen, dass wir in allen Ritualen, Zaubersprüchen und Zaubertränken mit Pflanzen und ihren Kräften arbeiten. Für unser Orakel gilt das Gleiche. Wenn wir im magischen Kreis sitzen und uns voll auf unsere Frage konzentrieren, aktivieren wir unsere magische Energie und legen Karten, die uns Hexen etwas ganz Bestimmtes sagen. Jede Pflanze hat innerhalb des Orakels eine andere Bedeutung. Nun musst du nur noch lernen, wie man diese Karten richtig deutet und – ganz wichtig! – wie man mit diesen Deutungen weiterarbeiten kann. Die Art, wie du die Karten und ihren Orakelspruch verstehst und was dieser Spruch für dich bedeutet, liegt also tief in dir verborgen. Die Kunst besteht darin, dieses „Geheimnis" ans Licht zu bringen!

⑦ Können Orakel die Zukunft verändern?

Das ist eine schwierige Frage. Zukunft steht nicht fest. Sie war und ist veränderbar. Deshalb kann das Orakel auch keine festgeschriebene Zukunft „vorhersagen". Deine aktuellen Gefühle und deine heutige Situation beeinflussen den Orakelspruch. Du deutest den Spruch und legst selbst fest, welche Entscheidung du treffen willst. Das Orakel selber kann also nicht die Zukunft verändern. Aber deine Beschäftigung mit dem Orakel und die daraus resultierende tiefere Einsicht in das, was dich wirklich bewegt, kann es.

⑧ Sind Orakel Teil der schwarzen Magie?

Nein! Schwarze Magie will Menschen manipulieren, sie dominieren und ihren Willen brechen. Wenn du die Antworten auf die vorangegangenen Fragen gelesen hast, weißt du, dass das Orakel aus dem *Buch der Schatten* genau das Gegenteil tut. Es will dem Fragesteller helfen, seinen eigenen Willen zu entdecken, will ihn stärken und ihn dabei unterstützen, seine Zukunft in seinem Sinne zu beeinflussen. Daher ist es auch so wichtig, dass du, wenn du jemand anderem die Karten legst, in deiner Deutung sehr vorsichtig bist. Zuerst einmal gibst du eine grundsätzliche Deutung der Karten. Erst dann steigst du in die Detaildeutung ein – und zwar mit dem Fragesteller zusammen! Er allein kann entscheiden, was ihm der Spruch wirklich sagt und in welchen Teilen des Spruches er sich gar nicht wieder finden kann. Denn diese Freiheit hat jeder Fragesteller: den Spruch des Orakels komplett abzulehnen. Auch das müsstest du dann akzeptieren. Du befindest dich also weit ab von jeglicher schwarzmagischen Praktik!

⑨ Kann ich ein Orakel beeinflussen?

Wieder eine schwierige Frage, auf die es keine eindeutige Antwort gibt. Das Orakel kann nur in Verbindung mit dir, deiner Persönlichkeit und deiner besonderen Frage existieren. Selbstverständlich kannst du deine Frage nicht in der Absicht stellen, die ein oder andere Antwort ganz sicher hören zu wollen. Andererseits gibt dir das Schattenorakel auch keine hundertprozentigen, detaillierten Handlungsanweisungen. „Tu dies", „lass das" – das ist nicht die Sache eines Orakels. Zu Anfang des Orakelspruches wird immer erst festgestellt, wie du dich gerade fühlst und wo eventuell die Gründe für deine augenblickliche Unsicherheit liegen. Erst wenn du diese Deutung akzeptierst, wirst du zu einer Antwort finden. Wenn du der Ansicht bist, die Deutung trifft nicht zu, oder wenn du sie ergänzen oder abändern möchtest, dann darfst du das. Insofern kannst du ein Orakel beeinflussen, denn es lebt nur in deiner Deutung oder der Deutung einer anderen Hexe.

⑩ Muss ich mich immer an einen Orakelspruch halten?

Wenn du alle Fragen und Antworten gelesen hast, dann kennst du die Antwort: Nein! Deine innere Stimme soll der Maßstab bleiben. Wenn du einen Spruch nicht akzeptierst, dann ist das eben so. Bedenke aber auch, dass ein Orakelspruch immer eine Momentaufnahme bleibt. Sobald du, eventuell von der Deutung des Orakelspruches motiviert, eine Entscheidung fällst oder ein neues Projekt in Angriff nimmst, könnte es sich lohnen, das Orakel erneut zu fragen. Vielleicht hält es ja dieses Mal einige Überraschungen für dich parat?

Die Zukunft zu verkünden hat nur dann einen Sinn, wenn sie nicht feststeht, das heißt, wenn sie unvorhersehbar ist.

(George Minois, Geschichte der Zukunft)

Jetzt geht's los – So wendest du das Orakel aus dem Buch der Schatten an

E s gibt im Wesentlichen zwei Arten von Orakeln: zum einen die, bei der augenscheinlich der Zufall allein die Karten mischt. Das sind alle Orakel, bei denen du eine Frage stellst und ein Objekt willkürlich für dich die Antwort auf diese Frage bestimmen lässt. Wenn du zum Beispiel eine Münze wirfst und sagst, dass Kopf oder Zahl über eine vorher gestellte Frage entscheiden soll, dann stecken dahinter keine magischen Kräfte. Die Kraft deines Wurfes, der Dreh deiner Hand und viele andere physikalische Bedingungen, die in dem Moment der Bewegung deines Armes zusammenspielen, beeinflussen das Ergebnis. Magie und Zauberkraft kann erst ins Spiel kommen, wenn du ein Energiefeld aufbaust.

DIE ROLLE DER NATUR IN DEN ORAKELN DES BUCHES DER SCHATTEN

Schon seit uralter Zeit schreibt man den natürlichen Dingen eine besondere Symbolik zu. Die Vorstellung, dass das Göttliche sich erst mittels der Schöpfung der Natur mitteilt, ist seit Jahrhunderten die Grundlage vieler Orakel.

Auch für uns Hexen ist die Natur das geeignetste Medium für Weissagungen. Gerade wir wissen ja, wie wichtig es ist, im Einklang mit der Natur zu leben, auf ihren Rhythmus zu hören und ihm zu folgen. Unsere magischen Kräfte stehen in Wechselwirkung mit den Kräften der Natur, der Pflanzen, der vier Elemente, des Mondes und der Sonne. Denke nur daran, wie oft du schon die Elemente in deinen Ritualen zu Hilfe gerufen hast, wie oft sie dich bei deinen Zaubersprüchen unterstützt haben. Ohne eine genaue Kenntnis der Wirkungsweise – sowohl magisch als auch medizinisch – kannst du als Hexe keine wirksamen Zaubertränke herstellen.

Das Schattenorakel arbeitet deshalb mit Pflanzen: vor allem mit Kräutern, manchmal auch mit Blumen und Bäumen. Jede Pflanze hat eine besondere Bedeutung, nicht nur in Ritualen, Zaubern und Zaubertränken, sondern eben auch für das Hexenorakel. Der Kosmos, die Energie des Universums, drückt sich durch die Natur aus und nicht durch das, was der Mensch geschaffen hat. Wenn wir Hexen in einem Orakel Orientierungshilfe suchen, wenn wir zu unserer individuellen Kraft finden, wenn wir unseren wahren Willen entdecken wollen, dann hören wir auf die Sprache der Pflanzen. Indem wir ihre Zeichen versuchen zu lesen und unsere eigenen Deutungen versuchen, finden wir zu unserem Weg.

Hierzu musst du vor allem eins akzeptieren: Du bist ein Teil dieser Natur. Als echte Hexe weißt du das schon längst. Durch ein Initiationsritual hast du die enge Beziehung zwischen den Kräften der Natur und dir selbst akzeptiert. In jedem Zauberspruch musst du dich erneut damit auseinander setzen. Wenn du dich allerdings erst seit kurzem mit magischem Wissen beschäftigst und noch keine richtige Hexe bist, dann stelle ich dir hier ein Ritual vor, das dich spüren lassen soll, wie eng die Verbindung zwischen deiner eigenen magischen Energie und der Natur ist.

Du benötigst:
* *Drei Tropfen Lavendelöl*
* *Einen Duftstein*

❶ Suche dir einen ruhigen Platz, an dem du voraussichtlich für ca. eine Stunde nicht gestört wirst.

❷ Tropfe das Öl auf den Duftstein.

❸ Setze dich mit gekreuzten Beinen im Schneidersitz auf den Boden. Die Hände legst du auf die Knie, die Handflächen zeigen zum Himmel.

❹ Atme langsam durch deine Nase ein, dann durch den Mund wieder aus. Versuche, dies so langsam und so ruhig wie möglich zu tun und so lange, bis du dich entspannt und konzentriert fühlst.

❺ Stelle dir vor, du sitzt auf einer Lichtung draußen im Wald. Das Licht fällt weich durch die Blätter auf den Waldboden, der Wind streicht sanft durch die Baumkronen. Es herrscht eine angenehme Temperatur.

6 Versuche, dir jedes Details bewusst zu werden: Welche Tageszeit ist? Spürst du die Sonnenstrahlen? Kannst du den erdigen Duft des Waldes riechen? Hörst du Geräusche? Welche?

7 Jetzt konzentriere dich auf die vier Elemente: Erde, Wasser, Feuer und Luft. Welche Rolle spielen sie an dem Ort, den du dir vorstellst? Sind alle Elemente vorhanden? Fühlst du ihre Stärke und Präsenz?

8 Nun streckst du mit geschlossenen Augen beide Arme gerade nach vorne aus. Die Hände hältst du im rechten Winkel, so dass die Handflächen nach vorne zeigen, als würdest du sie wie zum Schutz vorstrecken. Spanne die Arme so fest an, wie es nur geht. Konzentriere deine Energie auf die Mitte deiner Handflächen. Spüre genau, was sich dort tut. Kribbelt es? Spürst du Wärme? Kannst du fühlen, wie sich deine Energie auf diesen einen Punkt konzentriert?

9 Komme wieder ins Jetzt zurück. Atme weiterhin langsam und gleichmäßig, durch die Nase ein, durch den Mund aus.

10 Nun stehst du auf, hebst die Arme zum Himmel und sagst:

> *Ich spüre die Anwesenheit der Elemente,*
> *Ich werde mich ihrer bedienen,*
> *Sie ehren und schützen.*
> *Ich werde die Kräfte der Natur nutzen,*
> *Um meinen Willen zu stärken.*
> *Ich werde dabei niemandem schaden.*

Für alle Hexen und alle Noch-nicht-Hexen: Kauft euch ein gutes Buch über Kräuter und ein allgemeines Pflanzenbestimmungsbuch. Wenn ihr mit dem Schattenorakel arbeiten wollt, solltet ihr so viele Pflanzen wie möglich erkennen können. Und wer über ihre Heil- und über ihre Hexenkraft Bescheid weiß, kann auch das Orakel viel besser verstehen und nutzen!

So funktioniert das Orakel aus dem Buch der Schatten

Das *Buch der Schatten* sagt dir: DU BIST EIN TEIL VOM GANZEN. Weißt du noch, was das bedeutet? Wenn nicht, schlage das entsprechende Kapitel noch einmal nach, denn diese Weisheit ist ganz besonders wichtig, wenn du das Orakel verstehen willst.

Alle Dinge im Universum sind miteinander verbunden. Alles wirkt auf dich ein, und du wirkst auf alles ein. Das macht deine kreative Energie als Hexe aus! Du kennst sicher das Bild vom Stein, der ins Wasser fällt. Der Stein trifft nur an einem bestimmten Punkt auf die Wasserfläche. Aber er setzt eine Bewegung in Gang, zieht Kreise und gibt seine Energie an das ihn umgebende Wasser weiter. Wer weiß, vielleicht ist gerade dieser Stein, den ein anderer ins Wasser warf, Ursache der Welle, die du an einem anderen Ort am Ufer beobachtest.

So musst du deine Hexenkraft sehen. Wenn du durch eine magische Handlung ein Ereignis in Gang setzt, hat das Konsequenzen. Darüber musst du dir im Klaren sein. Deswegen liegt mir viel daran, dass du dir deiner besonderen Kraft und ihrer Verantwortung voll bewusst bist. Du musst sie gewissenhaft anwenden, sonst schadest du jemandem – und verstößt damit gegen unsere oberste Regel –, ohne es vorausgesehen zu haben!

Genau das Gleiche gilt für das Orakel. Hexen leben im Einklang mit der Natur. Du musst dich also als Teil eines großen Ganzen sehen, wenn du das Schattenorakel nutzen willst. Das Orakel aus dem *Buch der Schatten* arbeitet mit den Kräften der Natur. Zwischen dir und den Pflanzen des Orakels besteht eine magische Beziehung. Jede dieser Pflanzen hat für uns Hexen eine andere Bedeutung, die wir kennen müssen, wenn wir den Orakelspruch deuten möchten. Du wirst diese Bedeutung nie eins zu eins übernehmen. Du musst sie interpretieren und herausfinden, was dir diese besondere im Kontext des Orakelspruches für dein Leben zu sagen hat.

Alles Weitere ist sehr einfach. Du wählst die Pflanzen aus, die Teil deines Kartensets werden sollen. Sieh dir dazu die Beschreibungen ab Seite 58 an. Hierbei lässt du dich von deiner inneren Stimme leiten. Stelle dir ein Set zusammen, das deine Persönlichkeit und deine Lebenssituation widerspiegelt. Du stellst deine Orakelkarten selber her. Das ist sehr wichtig, denn damit geht deine magische Energie auf das Kartenset über und es wird wahrhaftig zu DEINEM Orakel.

Du bereitest alles für das Befragen des Orakels vor, das heißt, du ziehst den magischen Kreis, konzentrierst dich und stellst deine Frage. Du ziehst die Karten und legst sie nach einem bestimmten Muster, das du vorher ausgewählt hast. Dann siehst du dir die Bedeutung der Karten an, setzt sie in Beziehung zueinander und beginnst deine Deutung – allein oder zusammen mit einer Freundin.

Dies ist selbstverständlich nur die Kurzfassung, alles Weitere erfährst du auf den folgenden Seiten.

So stellst du dein persönliches Orakel her

Das Schattenorakel arbeitet schon seit Jahrhunderten mit Kräutern, Blumen, Bäumen und Gräsern. Es besteht aus deinem persönlichen Satz von Karten, den du dir selber herstellen kannst – und sollst! Zum einen laden sich diese Karten während des Prozesses des Herstellens mit deiner ganz persönlichen magischen Energie auf. So kann die Deutung des Orakels ganz besonders genau auf dein individuelles Problem erfolgen. Zum anderen kannst du dir deinen Satz nach eigenen Vorlieben und wie es deiner Lebenssituation angemessen ist zusammenstellen. Du suchst dir die Pflanzen aus, die dir am meisten „sagen", die dich „ansprechen", zu denen dir ganz spontan selber eine Deutung einfallen würde. Diesen Satz kannst du natürlich immer abändern oder aufstocken. Denn du und deine Lebenssituation werden sich ja im Laufe deines Lebens immer wieder ändern, und mit ihnen die Probleme, zu denen du das Orakel befragen möchtest. Es sollten aber immer mindestens 25 unterschiedliche Karten sein, um genügend Spielraum für die Deutungen des Orakels zu lassen.

So stellst du deine eigenen Orakelkarten her

Das Orakel aus dem *Buch der Schatten* will es, dass du deine Karten selber herstellst. Jede Hexe hat ihr persönliches Kartenset. Als Erstes benötigst du entweder ein unbedrucktes Kartenspiel oder stabilen Pappkarton, aus dem du dir dann dein Spiel in einer dir angenehmen Größe schneiden kannst. Denke dabei daran, dass du die Karten bequem mit einer Hand halten kannst. Meistens ist eine Größe von 17,5 x 12,5 cm am passendsten. Aber letztendlich kannst du die Größe selber bestimmen; falls du gerne mit riesigen Karten arbeitest, dann ist das deine Sache! Mein Tipp: Kaufe Pappkarton aus Recyclingpapier. Damit tust du der Umwelt etwas Gutes (ein Gedanke, der ja für Hexen nicht ganz abwegig sein sollte ...).

Als Nächstes musst du entscheiden, wie aufwändig dein Orakelspiel werden soll. Das originale Schattenorakel sieht vor, dass du Pflanzen sammelst, sie trocknest und auf deinen Karten befestigst. Für moderne Hexen ist dies manchmal etwas kompliziert, vor allem, wenn du schnell und dringend einen Orakelspruch benötigst und dir die passenden Karten fehlen.

Die schnelle Variante für den Notfall

In diesem Falle kannst du dir ein Set im Collage-Stil herstellen. Hierfür schneidest du Fotos und andere Abbildungen der jeweiligen Pflanzen aus Pflanzenbestimmungsbüchern, Katalogen und Gartenzeitschriften aus und klebst sie auf. Mein Tipp: Greife am besten auf einen Kopierer zurück, dann musst du teure Bücher nicht zerschneiden. Wenn du keinen Zugang zu einem Farbkopierer hast, dann kannst du die Kopien auch selber kolorieren. Ich persönlich würde dies sogar empfehlen, da jede intensive Beschäftigung mit der Herstellung der Karten ihre Verbindung mit dir stärkt und ihnen hilft, in ihrer Weissagung genauer zu sein.

So trocknest du deine Pflanzen

Natürlich gibt es Fertigpressen, zum Beispiel in Heimwerkermärkten. Hiermit kannst du ganz leicht viele Pflanzen innerhalb von zwei oder drei Wochen trocknen. Allerdings ist diese Presse für manche Junghexe zu teuer. Nicht jede möchte ihre Arbeit an dem Orakel gleich an die große Glocke hängen und die Eltern um Geld bitten. Daher kannst du dir eine Presse auch einfach selber bauen:

Zuerst tupfst du sorgfältig die Feuchtigkeit von deinen frischen Pflanzen (wichtig!), denn sonst könnten sie während des Vorgangs schimmeln oder sich verfärben. Anschließend legst du mindestens vier bis sechs Lagen Löschpapier auf ein Brett. Die Pflanzen positionierst du einzeln auf dem Papier (Achtung! Nicht aufeinander!). Dann legst du noch einmal ausreichend Löschpapier auf die Pflanzen, darauf dann ein zweites Brett und das Ganze fest zuschnüren. Ein alter Gürtel eignet sich hervorragend, da er sich im Laufe der Zeit nicht lockert. Das Löschpapier wechselst du einmal pro Woche, nach spätestens drei Wochen sind die Pflanzen bereit für das Orakel!

Nun musst du sie nur noch auf deinen Karten anordnen, festkleben und mit Glanzlack lackieren. Oder du besprühst die getrockneten und aufgeklebten Pflanzen mit Festigerspray, um sie haltbarer zu machen. Achte bei den Sprays auf gute Qualität, schließlich sollen deine Karten lange halten.

Falls du nicht mit Lack oder Spray arbeiten möchtest, kannst du auch eine transparente Folie über die Karte kleben. Achte aber darauf, dass sie glatt aufliegt und nicht zu viele Falten um die Trockenpflanze herum wirft. Mit der Zeit werden manche Folien auch rissig. Erkundige dich vor dem Kauf im Schreibwarenhandel nach der Qualität.

Mein Tipp:

Wenn du nicht gerade ein Pflanzenspezialist bist, der alle mit einem Blick wieder erkennt, schreibe besser immer den Namen der jeweiligen Pflanze auf die Karte. So musst du nicht bei jeder Deutung in deinem Pflanzenbestimmungsbuch nachschauen, ob du auch tatsächlich richtig liegst. Gut ist es auch, oben und unten zu markieren, da die Ausrichtung der Karte bei den Legemustern von Bedeutung ist.

So gestaltest du die Rückseite der Karten

Die Rückseite der Karten gestaltest du ganz nach deinem Geschmack. Du kannst sie natürlich auch blanko lassen. Damit verschenkst du aber wertvollen Raum, die Karten mit deiner magischen Energie zu laden. Darum rate ich dir, die Rückseite entweder zu bemalen, zu bekleben oder mit Stoffresten zu verzieren. Höre dabei auf deine innere Stimme und dekoriere so, dass die Rückseite auch zur Bedeutung der Pflanze auf der Vorderseite passt. Für eine Pflanze, die dir Lebensfreude und neue Ereignisse voraussagt, würde die Farbe Orange sehr gut passen. Sagen die Karten dir Gesundheit und körperliche Kraft voraus, ist Blau genau die richtige Farbe. Andererseits kannst du auch ganz einfach Fotos und Illustrationen aus Zeitschriften aufkleben, einfach alles, was deiner Intuition nach die Energie der Pflanze noch verstärkt. Überziehe auch die Rückseite mit Glanzlack oder einer transparenten Folie.

Mein Tipp:

Falls du die Rückseite mit Stoff oder Papier beklebst, achte darauf, dass die einzelne Karte nicht zu dick und klobig wird. Das Kartenset sollte immer noch gut in der Hand liegen und leicht ineinander geschoben werden können.

Erfahrene Hexen versehen die Rückseite der Karten oft mit Zaubersprüchen, die zu den Eigenschaften des Krauts passen. Wenn du eine Anfängerhexe bist, mag das etwas schwierig sein, da du lieber auf fertige Sprüche zurückgreifst und dich sicher noch nicht so recht an das Schreiben von eigenen Zaubern herantraust. Doch lass dir gesagt sein: Das ist viel einfacher, als du meinst. Leider kann ich dir hier nicht die Kunst der Zaubersprüche beibringen und muss dich auf andere Bücher verweisen. Einige wichtige Anleitungen findest du in meinem Buch *Das Buch der Zaubersprüche*. Trotzdem kannst du es versuchen, indem du dich an die folgenden einfachen Regeln hältst:

❶ **Formuliere so genau wie möglich!** Du musst deinen Willen unmissverständlich formulieren, sonst läufst du Gefahr, dass dein Zauber ins Leere geht. Sei dir über den Sinn deines Zauberspruches genau im Klaren. Du musst ihn in einem Satz formulieren können: Ich will ..., weil ...

❷ **Dein Zauberspruch muss sich nicht reimen!** Reime finden wir in Zaubersprüchen, damit wir sie uns besser merken können. Sie haben aber nichts mit der magischen Energie zu tun.

❸ **Dein Zauberspruch ist an keine stilistische Regel gebunden!** Es muss sich kein spezieller Rhythmus beim lauten – oder leisen – Hersagen ergeben. Du wirst aber merken, dass du beim Schreiben deinen eigenen Rhythmus entwickeln wirst. Du wirst das, was dir wichtig ist, in ganz besonderer Weise betonen. Das kann eine immer gleiche Satzstruktur sein:

Ich will stark sein.
Ich will mutig sein.
Ich will mich wehren können.

oder

Gleichgültigkeit wird zu Liebe,
Konkurrenz wird zu Freundschaft,
Und Streit wird zu Harmonie.

❹ Dein Zauberspruch muss positiv formuliert sein! Dieser Grundsatz ist wichtig. Du wirst oft versucht sein, negativ zu formulieren: Ich will nicht mehr ..., Schluss mit ..., Meine Freundin soll nicht mehr ... Das kann nicht klappen! Denn in deinen Zaubersprüchen aktivierst du positive Energien, nur diese können aktiv werden, wenn du sie aus dem magischen Zirkel entlässt. Negative Energien drehen sich im Kreis. Du aber willst Energieströme anstoßen, du willst etwas verändern. Das kannst du nur durch positive Formulierungen: Von jetzt ab werde ich ..., Jetzt fange ich mit ... an und höre auf mit ..., Ich werde mich gegenüber meiner Freundin anders verhalten ...

❺ Dein Zauberspruch endet mit der Affirmation deines Willens! Dein Zauberspruch drückt deinen innersten Willen aus. Nur so kann er seine ganze magische Kraft entfalten. Das sagst du nicht nur für dich selber, sondern auch dem Universum und allen Elementen mit den Worten:

Dies ist mein Wille, deshalb geschehe es.

Du drückst damit deinen Glauben als Hexe aus, tatsächlich etwas verändern zu können, deinen Willen tatsächlich umsetzen zu können. Diesen Schlusssatz kannst du dreimal wiederholen, das stärkt seine Wirkung.

Wenn du dir also die Deutung des Thymians durchliest, wirst du sehen, dass es sich um Kraut handelt, das dir eine Glücks- und Erfolgswelle voraussagt. Du bist voller Energie und hast den Mut, wichtige Entscheidungen zu treffen. Mein persönlicher Zauber-spruch für dieses Kraut ist:

Wenn ich mich klein und einsam fühle,
Dann gib mir Mut,
Dann gib mir Kraft
Und den Dingen eine Wendung,
Die es schafft,
Dass alles sich zum Guten fügt.

Finde deinen eigenen Spruch! Du kannst dabei gar nichts falsch machen. Wenn der Zauberspruch sich für dich richtig anfühlt, dann wird er genau der Richtige für dein Orakel sein.

Und denke immer daran:
Jede Beschäftigung mit den Karten deines Orakels macht sie immer mehr zu deinem ganz persönlichen Orakel!

Hier findest du die Pflanzen für das Orakel

Sämtliche Blumen und Kräuter gibt es heutzutage im Supermarkt oder auf dem Wochenmarkt. Du musst nicht mehr, wie meine Groß-mutter, in den Wald gehen und dir mühsam alles zusammensuchen, sondern kannst dir ganz einfach eine Einkaufsliste machen. Eine moderne Hexe zu sein hat auch Vorteile!

Findest du einmal ein spezielles Kraut nicht, dann wende dich an deinen Apotheker. Der arbeitet von Berufs wegen mit Kräutern und kennt sich oft besser aus als manche Hexe! Er kann dir sicher Tipps geben, worum es sich bei einem Kraut handelt und wo du es finden kannst.

Du kannst deine Kräuter auch selber ziehen. Die meisten Samen gibt es in der Gärtnerei zu kaufen. Ich persönlich tue das, und ich kann es dir für dein persönliches Orakel auch nur ans Herz legen. Je mehr du dich mit deinen Kräutern beschäftigst, desto mehr werden sie sich mit Bedeutung für dein Orakel aufladen.

Auch wenn ich in der Stadt wohne und keinen Garten habe, ziehe ich meine Kräuter auf dem Balkon oder Fensterbrett. Ich kann ihnen während des Wachstums mit Weihungsritualen Energie zuführen.

Wenn du mein *Buch der Zaubertränke* gelesen hast, dann kennst du das Ritual. Für alle anderen schreibe ich es hier noch einmal auf. Allerdings ist es leicht abgewandelt, denn ich möchte diese Kräuter ja nicht in einem Zaubertrank verwenden. Sie sind für mein Schattenorakel bestimmt.

Das Weiheritual

Das folgende Ritual soll die Verbindung zwischen dir und den Pflanzen stärken. Zusätzlich zu ihrer natürlichen Kraft überträgst du ihnen damit einen Teil deiner persönlichen magischen Energie. Der „Mittler" zwischen dir und den Pflanzen ist der Mond. Wenn du sie zu Anfang deines Rituals ins Mondlicht stellst, können sie deine Energie zusammen mit der Energie des Mondes in sich aufsaugen. Für dieses Ritual ist keine bestimmte Mondphase notwendig. Du musst die Kräuter auch nicht ins Freie stellen, sondern kannst genauso gut das Mondlicht, das in dein Zimmer fällt, nutzen.

❶ Du stellst deine Kräuter ins Mondlicht.

❷ Wenn du Quarzsteine besitzt, können sie bei diesem Ritual hilfreich sein, denn sie ziehen positive Energie an. Lege sie neben die Töpfe deiner Kräuter.

❸ Setze dich auf die Erde neben deine Kräuter.

❹ Atme tief ein und aus. Nimm dir Zeit, atme ruhig und gleichmäßig.

❺ Schau ins Mondlicht, das auf deine Kräuter fällt.

❻ Bitte den Mond, seine Energie mit dir zu teilen. Hierfür gibt es keinen vorgegebenen Spruch, du musst die Worte in dir finden und die Bitte einfach so formulieren, wie es dir gerade in den Sinn kommt.

❼ Danach stellst du die Kräuter über Nacht auf deinen Altar.

Dieses Ritual solltest du regelmäßig durchführen, mindestens aber einmal im Monat, denn so, wie du die Kräuter aufladen kannst, entladen sie sich auch wieder!

So ziehst du deine Kräuter und Blumen selber

Du wirst sehen, es ist wirklich kinderleicht. Zuerst benötigst du natürlich Töpfe. Am besten nimmst du einen ganz einfachen Tontopf, denn hier fühlen sich auch empfindliche Pflanzen wohl. Dann brauchst du Erde, die unbedingt von guter Qualität sein sollte, damit die Pflanzen die für sie lebensnotwendigen Nährstoffe finden. Auch die Erde, die du vielleicht in deinem Garten hast, ist für eine Topfpflanze leider nicht geeignet. Geh also am besten in einen Fachhandel und kaufe eine spezielle Mischung für Topfpflanzen. Ich kann auch die „Einheitserde" empfehlen – frage einfach den Händler danach, er wird dir sicher Auskunft geben können. Mein Tipp: Wenn du aussäen möchtest, nimm am besten Erde, die noch nicht gedüngt ist, denn die Samen brauchen noch kein Kraftfutter. Später, wenn die Pflanze ausgewachsen ist, solltest du sie einmal in der Woche mit einem Flüssigdünger füttern. Und du brauchst Samen. Samentütchen findest du im Supermarkt oder im Fachgeschäft. Auf den Tütchen solltest du unbedingt den kurzen Text lesen, denn hier findest du oft alle notwendigen Angaben zur Aufzucht der Pflanze. Zu guter Letzt brauchen deine Pflanzen natürlich auch Wasser. Eine Gießkanne und eine Sprühflasche können daher praktisch sein. Du kannst aber auch eine ganz einfache Wasserkaraffe nehmen.

Meine Tipps zur Saat und Aufzucht deiner Orakelpflanzen

Zuerst benötigst du Saatgut, Anzuchterde und Töpfe. Für ganz kleine Samen (z.B. Petersilie) nimmst du am besten eine ganz flache Schale und topfst die jungen Pflanzen dann um, wenn sie schon ein wenig gewachsen sind. Du füllst zuerst ein wenig Erde ein und drückst die Samen dann mit den Fingern ein wenig an. Achte darauf, dass die Samen flach liegen, das heißt, dass jeder Samen seinen Platz findet und nicht mit den anderen um lebenswichtige Erde konkurrieren muss. Bei den meisten Samen musst du noch ein wenig Erde oben auf streuen. Große Samen (wie die der Kapuzinerkresse) kannst du auch direkt in die Erde im Topf drücken, nachdem du einfach mit dem Finger ein Loch hinein gebohrt hast.

Die Aussaat, also die frisch gelegten Samen, gießt du vorsichtig mit Wasser an (am besten mit dem Brauseaufsatz auf deiner Gießkanne). Anschließend stellst du die Töpfe an einen ruhigen, möglichst windgeschützten Ort. Versuche, einen Platz zu finden, der eine durchgängige Temperatur von 20 °C gewährleistet, denn das ist die Wärme,

bei der das Saatgut am besten keimt. Und dann schützt du alles mit einer Folie. Achtung! Durchsichtig muss sie natürlich sein, damit die Samen auch Licht bekommen. Ohne Licht kann nichts wachsen! Sobald du die Keimlinge auf der Erdoberfläche erkennen kannst, darfst du die Abdeckung abnehmen.

Von vielen Pflanzen kannst du Stecklinge im Frühjahr oder im Spätsommer ziehen. Mit einem scharfen Messer schneidest du etwa drei Zentimeter lange Triebe ab. Achtung! Mit scharfen Messern solltest du immer mit größter Vorsicht hantieren. Wenn du dich noch ein wenig unsicher fühlst, bittest du einfach deine Eltern oder deine älteren Geschwister, dir zu helfen. Die abgeschnittenen Triebe steckst du in die angefeuchtete Erde eines Topfes und deckst sie wie die Keimlinge mit einer durchsichtigen Folie ab. Den Topf stellst du am besten nicht in die pralle Sonne, sondern in den Halbschatten, bis die Pflanze die ersten Wurzeln geschlagen hat.

Das richtige Gießen ist wichtig – manche Pflanzen benötigen mehr, andere weniger Wasser. Du solltest einfach aufmerksam das Wachstum und das allgemeine Aussehen deiner Kräuter beobachten. Wenn die Blätter anfangen zu hängen, dann solltest du schnell nach der Gießkanne greifen! Die Trockenheit der Erde kannst du ganz einfach mit dem Finger fühlen, sie sollte immer ein wenig angefeuchtet sein, aber nicht im Wasser stehen. Nach einiger Zeit wirst du die notwendige Erfahrung haben, um ganz intuitiv zu wissen, wann deine Pflanzen Wasser benötigen.

So sammelst du Blumen, Blätter und Kräuter

Nicht alle Pflanzen des Schattenorakels kann man auf dem Fensterbrett ziehen, denn auch Bäume gehören zur Orakelsprache. Also musst du losziehen und das Material für das Orakel selber sammeln! Wenn du dich nicht perfekt in der Flora auskennst – wie die meisten ... –, dann nimm dir ein gutes Pflanzenbestimmungsbuch mit auf deine Suche. Diese sind in jeder guten Buchhandlung erhältlich. Wenn du darüber hinaus folgende Regeln beachtest, kann eigentlich nichts mehr schief gehen:

- Pflanzen sind Lebewesen, behandle sie mit Sorgfalt!
- Achte darauf, wo du deine Füße hinsetzt, damit du nicht unnötig Pflanzen zerstörst.

- Sammle nie mehr Pflanzen, als du tatsächlich für die Herstellung deiner Orakelkarten brauchst.
- Sammle niemals geschützte Pflanzen; diese solltest du lieber selber ziehen. Bevor du dich also zum Sammeln aufmachst, informiere dich, welche Wildkräuter unter Schutz stehen.
- Verwahre die Kräuter, Blumen und Blätter nie in einer Plastiktüte – dort können sie nicht atmen. Nimm lieber einen Korb, den du dann auch weiterhin nur für das Sammeln deiner magischen Kräuter verwendest.

Die Beschreibung der Pflanzen und ihre Bedeutung für das Schattenorakel findest du ab S. 58

So segnest du dein Orakel

Bevor du dein Orakel legst, musst du es vor dem ersten Gebrauch segnen. Hierzu rufst du die Kräfte der Elemente an. Du weißt ja, die vier Elemente Erde, Wasser, Luft und Feuer sind sehr wichtig für die Arbeit einer Hexe. Sie symbolisieren für uns die Kraft der Natur und müssen uns bei jeder Handlung als Hexe unterstützen.

Du legst die Karten auf deinen Altar, auf dem folgende Hexenwerkzeuge stehen müssen:

- *Eine Schale mit Wasser (symbolisiert das Element Wasser)*
- *Eine Schale mit Salz (symbolisiert das Element Erde)*
- *Eine weiße Kerze (symbolisiert das Element Feuer)*
- *Eine Feder (symbolisiert das Element Luft).*
  Hier kannst du eine ganz einfache Vogelfeder nehmen.

Falls du dir noch keinen festen Altar aufgebaut hast, nimmst du einfach einen kleinen Tisch, eine umgedrehte Kiste oder einen alten Stuhl. Hierbei solltest du Folgendes beachten:

- Der Altar muss an einem ruhigen Ort stehen. Schließlich möchtest du nicht bei deinen Zaubern und Ritualen und noch weniger beim Legen deines Orakels gestört werden.

- Dein Altar darf nicht wackelig stehen und muss windgeschützt platziert sein. Schließlich wirst du dort Kerzen abbrennen und Räucherwerk entzünden!

- Wenn du eine richtige Hexe werden willst, musst du einen Altar haben, der nur zu diesem Zweck genutzt wird. Ein Küchentisch oder dein Schreibtisch können auf Dauer nicht als Altar genutzt werden, da sich deine magische Energie dort konzentrieren soll und nicht durch andere Einflüsse gestört werden darf.

Nun zurück zu der Segnung deines Schattenorakels.

❶ Zuerst sagst du:

> Element Erde, ich rufe dich.
> Auf dass alle negative Energie gebannt wird
> Und nur die positive Energie übrig bleibt.
>
> Dies ist mein Wille, deshalb geschehe es.

Während du diese Worte sprichst, zeichnest du mit deiner rechten Hand ein Pentagramm in die Luft über der Schale mit Salz.

Erde

❷ Nun sagst du:

> Element Wasser, ich rufe dich.
> Auf dass alle negative Energie gebannt wird
> Und nur die positive Energie übrig bleibt.
>
> Dies ist mein Wille, deshalb geschehe es.

Nun zeichnest du ein Pentagramm über die Schale mit Wasser auf deinem Altar.

Wasser

③ Als Drittes rufst du mit den selben Worten das Element Luft an und zeichnest das Pentagramm über der Feder.

Luft

④ Daraufhin rufst du das Element Feuer an und zeichnest ein Pentagramm in die Luft, wie schon bei den anderen Elementen, doch dieses Mal über den Kerzen auf deinem Altar.

Feuer

⑤ Als Letztes sagst du:

Oh Mutter Natur,
Schütze dieses Orakel vor negativen Kräften.
Mag deine Segnung über ihm liegen,
Während ich seine Weissagung empfange.

So sei es.

Jetzt ist dein Orakel fertig und du kannst es zum ersten Mal legen!
Dazu musst du einen magischen Kreis ziehen und dich konzentrieren.

Mein Tipp:

Bewahre deine Karten an einem besonderen Ort auf. Dein Altar
eignet sich natürlich besonders gut, da hier deine magische Ener-
gie am stärksten ist und auch nach deinen Ritualen – und dem
Legen der Orakelkarten – am längsten anhält. Du kannst dir
auch einen Karton basteln, der nur für deine Karten bestimmt ist.
So schützt du das Orakel vor „unbefugten Zugriffen". Das Orakel
soll ja mit der Zeit dein ganz eigenes und persönliches werden.

SO BAUST DU EIN ENERGIEFELD FÜR DAS ORAKEL AUF

Was ist ein Energiefeld? Es ist der Raum, in dem du deine magische
Energie bündelst. Mit „Raum" meine ich nicht unbedingt ein Zimmer, sondern die Atmosphäre um dich und deine Orakelkarten.
Wenn du schon einmal gezaubert hast, weißt du, dass es sich dabei
auch um einen magischen Kreis handelt.

Magischer Kreis als Schutzraum für dein Orakel

Als Erstes nimmst du deine Karten und legst sie vor dich auf den
Boden. Dann hältst du einen beliebigen Gegenstand, den du als dein
rituelles Werkzeug für das Ziehen des Kreises gewählt hast, mit aus-
gestrecktem Arm von deinem Oberkörper weg. Dieser Gegenstand
kann ein Kugelschreiber, ein Buch (z.B. dein *Buch der Schatten*)
oder aber auch ganz einfach dein Zeigefinger sein.

Schau auf die Spitze des Gegenstandes. Versuche, dabei so ruhig und gleichmäßig zu atmen wie möglich. Stell dir vor, du siehst ein weißes Licht, das aus diesem Gegenstand strömt. Konzentriere dich ganz fest, bis du dieses Licht siehst. Dann gehst du um die Karten herum deinen Kreis im Uhrzeigersinn ab.

Dabei sagst du:

> Dieser Kreis ist ein Raum
> Gefüllt mit positiver Energie.
> Dieser Kreis ist mein Schutzschild.

Dann gehst du den Kreis zum zweiten Male ab und sagst:

> In diesem Kreis kann mir nichts geschehen,
> Die Elemente schützen mich.

Du gehst den Kreis ein drittes Mal, immer noch im Uhrzeigersinn, und sagst:

> Dieser Kreis wird mein Orakel schützen
> Und die Verbindung zwischen uns stärken.

Schau nach Norden und zeichne mit dem von dir gewählten Gegenstand ein Pentagramm in die Luft.

Tu das Gleiche in Richtung Osten, Süden und Westen.

Damit ist der magische Kreis aufgebaut, und du kannst dein Orakel legen.

Wenn du die Deutung abgeschlossen hast, dann musst du den Schutzkreis auch wieder abbauen. Gleichzeitig solltest du dem Orakel danken, dessen Kraft du genutzt hast. Dazu nimmst du den Gegenstand, mit dem du den Kreis auch schon aufgebaut hast, zeigst nach Norden und gehst den Kreis gegen den Uhrzeigersinn ab. Dabei sagst du:

> *Ich breche diesen Kreis nicht,*
> *Sondern ich öffne ihn.*
> *Ich danke dir, Orakel,*
> *Dass du deine Kraft und Weisheit mit mir geteilt hast.*
> *Dein Spruch wird mich leiten und mir Kraft geben.*

Einige nützliche Konzentrationstricks

Konzentration ist für alle Rituale und Zaubersprüche wichtig. Durch intensive Konzentration auf deine innersten Gefühle und dein persönliches Ziel bündelst und dirigierst du die Kraft, die in dir liegt. Auch das Hexenorakel kann nicht funktionieren, wenn du dich nicht konzentrieren kannst. Am Anfang wird dir das sehr schwer fallen. Die Gedanken schweifen ab, die Füße werden kribbelig, und die Zeit beginnt, sich zu ziehen. Gib nicht auf! Mentale Konzentration braucht Übung. Auch ich habe einige Zeit gebraucht, bevor ich zum ersten Mal so konzentriert war, dass ich eine Verbindung zwischen mir und der Energie um mich gespürt habe. Wenn du schon eine erfahrene

Hexe bist, wirst du bereits Übung darin haben. Herzlichen Glück-
wunsch, du kannst direkt zu den Vorbereitungsritualen für das
Schattenorakel übergehen! Die anderen sollten erst einmal einige
kleine Übungen durchführen. Keine Angst, es gibt Tricks, die die
richtige Konzentration ein wenig einfacher machen!

Wichtig ist dabei vor allem, dass du ruhig und gleichmäßig atmest.
Das heißt, wenn sich dein Atem tatsächlich beruhigt hat, solltest du
bis vier beim Ein- und dann wieder bis vier beim Ausatmen zählen
können. Lass den Atem fließen und „drücke" nicht nach, auch
wenn du einmal schon bei drei das Ausatmen beendet hast. Keine
Panik! Es kommt auf das RUHIGE Atmen an. Konzentriere deine
Gedanken auf ein mentales Bild, bei dem du dich besonders wohl
fühlst. Bleibe immer bei diesem einen Bild – eine grüne Wiese,
deine Lieblingsblume, ein runder Stein, eine Muschel. Mit der Zeit
wird sich deine Konzentration schon einstellen, wenn du dieses Bild
im Geiste aufrufst! Dann bleibe gedanklich bei diesem Bild, solange,
bis du merkst, dass sich dein Atem von alleine beruhigt. Lass dir Zeit
dabei, Eile und Hetze bringen nichts in der Magie und erst recht
nicht beim Befragen eines Orakels!

Wenn du eine erfahrene Hexe bist, rate ich dir, einen Onyx zu Hilfe
zu nehmen. Diesen Stein nimmst du in die rechte Hand, schließt
die Augen, rufst dein persönliches Konzentrationsbild auf und atmest dreimal tief ein und tief aus. Um sich schnell konzentrieren zu
können, muss man allerdings ein bisschen geübt sein. Für Anfänger
ist das sehr schwer!

Sprüche und Mantren

Besondere Sätze, die du nur verwendest, wenn du dich konzentrieren möchtest, können dir auch helfen. Dabei solltest du einige kleine Regeln beachten. Verbinde immer etwas Positives mit den Worten, etwas, das dich beruhigt. Wenn du aufgeregt oder ärgerlich bist,
wird dir das weder bei der Konzentration noch bei der Deutung des
Orakelspruchs helfen. Der Satz sollte kurz sein. Also keine verschach-
telten Nebensätze, keine ellenlange Aneinanderreihung von Adjek-
tiven, kein „wenn", „aber", „entweder-oder" oder gar „wenn nicht …,
dann", sondern klare, einfache Aussagen sollen die Grundlage dei-

nes Konzentrationsmantras sein. Hier einige Beispiele (mit denen ich auch meine persönlichen Lieblingsmantren verrate!):

Ich bin ganz ruhig und atme gleichmäßig.
Ein und aus, ein und aus, ein und aus.

Einen Fuß vor den anderen.
Einen Atemzug nach dem anderen.
Einen Gedanken nach dem anderen.

Ich bin offen, ich nehme es an.
So sei es.

Meine Gedanken sind ganz bei mir.
Meine Seele ist ruhig.
Mein Atem fließt.

Ich liebe den Tau auf morgenfrischer Wiese.

Du kannst auch den Beginn deines Lieblingsgedichts nehmen oder eine Zeile aus einem Song einer Band, die du besonders magst. Diese Zeile wiederholst du – laut oder leise – so lange, bis dein Geist sie von ganz alleine, fast wie losgelöst von deinem Bewusstsein, wiederholt. Du wirst sehen, es geht ganz einfach und ist ein toller Trick, um sich schnell und wirksam zu konzentrieren.

Du solltest ein eigenes Ritual zur Konzentration entwickeln, das du jedem Legen der Orakelkarten voranstellst. Das fördert deine innere Ruhe und deine Konzentration, weil dein Geist und dein Körper bei den ihnen bekannten und immer wiederkehrenden Handlungen das Signal bekommen: Nun müssen wir unsere Energie ganz auf das Orakel konzentrieren. Von nun an nehmen wir Abstand von allem um uns herum und öffnen uns für die Verbindung mit dem Orakel. Du gestaltest dein Anfangsritual ganz nach deinem Geschmack: Du zündest Duftkerzen an, legst deine Lieblingsmusik auf oder versprühst deinen Lieblingsduft im ganzen Zimmer. Wichtig ist, dass du zur Ruhe kommst! Suche also nicht allzu dynamische Musik aus oder tauche das ganze Zimmer in strahlende Helligkeit, sondern wähle eher gedämpftes Licht.

Mein Tipp:

Ich persönlich schalte immer die gleiche, kleine Nachttischlampe an, lege immer die gleiche Musik auf und zünde drei rote Kerzen an. Dann nehme ich mein Buch der Schatten in beide Hände, setze mich vor meine Karten und sage immer den gleichen Satz: Lass mich bereit sein, so lange bis ich selber merke, dass ich ruhig und ausgeglichen bin. Mein Atem ist in der Regel ein sicheres Zeichen, wenn ich nämlich nicht mehr hektisch und oberflächlich atme, sondern in langen, gleichmäßigen Zügen.

Und nun noch ein wichtiger Hinweis ...
Solltest du aus irgendeinem Grund einmal das Gefühl haben, dass eine in diesem Buch aufgeführte Deutung für dich nicht zutrifft, dann folge unbedingt deiner inneren Stimme! Alle Deutungen sind immer nur Orientierungshilfen – vergiss das nie! Sie müssen nicht auf den Buchstaben genau geglaubt und vor allem nicht befolgt werden. Sie basieren auf der Erfahrung vieler Hexen durch viele Jahrzehnte, ja Jahrhunderte hindurch. Damit sind sie aber auch immer das Resultat vieler einzelner individueller Erfahrungen und daher nicht 100-prozentig für alle anderen Hexen gültig. Gehe mit offenem und vor allem unabhängigem Geist an die Sache heran und höre immer auf deine innere Stimme. Diskutiere Deutungen mit einer Freundin oder, noch besser, mit einer anderen Hexe. Und sei immer bereit, dich auf Neues einzustellen. Die Zukunft ist nicht festgeschrieben. Mit jeder Handlung deinerseits, mit jedem gesprochenen Satz kann sie sich ändern und du mit ihr.

So kannst du das Orakel legen

Für jedes Orakel gibt es eine große Vielzahl von verschiedenen Legemöglichkeiten. Wenn du dich über das Orakel aus dem *Buch der Schatten* hinaus mit Tarot oder Runen beschäftigst, wirst du das wissen.

Eines ist ganz wichtig: Du solltest das Orakel niemals befragen, wenn du aufgewühlt oder tief traurig bist, auch wenn die Versuchung dann gerade besonders groß ist. Die Fülle deiner widerstreitenden Gefühle, über die du dir zu diesem Zeitpunkt keineswegs im Klaren sein kannst, wird den Orakelspruch – und vor allem deine eigene Deutung! – verfälschen und dich in eine falsche Richtung leiten. Das Gleiche gilt, wenn du das Orakel für jemand anderen befragst, ihr solltet beide ruhig und konzentriert sein und bereit für neue Perspektiven und Erkenntnisse. Trauer, Wut und Bitterkeit sind dabei nicht sehr hilfreich. Bitte beachte diesen Hinweis immer!

Der erste Schritt

Zu Beginn nimmst du alle Karten in die Hände, um den Kontakt herzustellen. Du hältst sie in Händen, während der, für den du das Orakel befragst, seine Frage stumm stellt. Stumm, wohlgemerkt! So kann deine erste allgemeine Deutung der Karten nicht beeinflusst werden. Erst wenn du den groben Rahmen des Orakelspruches abgesteckt hast, darf der Fragesteller seine Frage noch einmal laut stellen und du kannst den Spruch genauer formulieren und feiner abstimmen. Zu guter Letzt solltet ihr euch beide über die Deutung unterhalten und eure Gefühle und Erfahrungen austauschen. Deine Deutung stellt niemals eine endgültige Wahrheit dar! Erst der Fragesteller kann entscheiden, ob sich dadurch neue Perspektiven eröffnen oder Orientierungen gegeben werden. Dies kann letztendlich nur im direkten Austausch zwischen ihm und dem Orakel geschehen – in unserem Falle mit dir, da du der Mittler des Orakels bist.

Auch wenn du die Karten für dich selber befragst, solltest du immer auf deine innere Stimme hören, wenn du deine Deutung formulierst. Und wenn eine Karte einmal so gar nicht zu deiner Gemütsverfassung passen sollte und du die Richtigkeit des Spruches anzweifelst, dann höre auf deine Intuition! Das Orakel soll verdeckte Energieströme aufdecken, das ist seine Aufgabe. Doch nur du selber kannst entscheiden, ob diese Energieströme korrekt erspürt wurden oder nicht.

Der zweite Schritt

Dann werden die Karten gemischt und zweimal mit der Herzhand, also der linken, abgehoben, so dass drei Pakete entstehen. Die Herzhand, das wirst du als Hexe bei der Arbeit mit Zaubersprüchen erlebt haben, ist immer wichtig, wenn es um Gefühle und deine innere Verbindung mit ihnen geht. Die drei kleinen Kartenpakete müssen nicht gleich groß sein. Derjenige, der das Orakel befragt, wählt nun ein Paket durch eine kurze Berührung mit der linken Hand aus, während er sich noch einmal auf seine Frage konzentriert. Dieses Päckchen wird dann auf die beiden anderen gelegt, so dass wieder ein Stapel entsteht.

Der dritte Schritt

Die Karte, die du jetzt auswählst, ist sehr wichtig, denn sie repräsentiert in der Deutung des Orakels denjenigen, der das Orakel befragt. Man nennt sie auch den „Signifikator". Um diese Karte gruppieren sich alle anderen und an ihr wird sich die Deutung des Orakels orientieren.

Diese Karte kannst du vom Zufall auswählen lassen, indem der Fragesteller sie einfach aus dem Kartenstapel zieht – natürlich wie immer mit der linken Hand, der Herzhand. Du kannst aber auch, und das empfehle ich, ganz bewusst eine Karte auswählen, indem du dir überlegst, welche Pflanze am besten zu dem Ratsuchenden passt. Dafür musst du dir, bevor du das Orakel befragst, alle Karten noch einmal genau ansehen und alle Deutungen aufmerksam durchlesen. Natürlich wirst du keine Pflanze finden, die der Persönlichkeit des Fragestellers eins zu eins entspricht. Versuche einfach, offen zu sein und die Texte auf dich wirken zu lassen. Du wirst sicher den ein oder anderen Punkt entdecken, den du ganz besonders treffend findest. Diese Karte solltest du dann auch auswählen.

Ich empfehle, dass diese Karte dann auch bei jeder zukünftigen Frage an das Orakel die Person repräsentiert. So kann sie immer mehr zu ihrer persönlichen Karte werden.

Die verschiedenen Legemuster

Es gibt drei verschiedene Legemuster des Schattenorakels, die du für unterschiedliche Probleme und Fragestellungen nutzen kannst.

Als Erstes gibt es natürlich die Fragen, die am Tage selber gelöst werden müssen, bei denen ein konkretes Ereignis in allernächster Zukunft ansteht und du dir unsicher bist, wie es verlaufen wird und – vor allem – wie du dich verhalten sollst.

Das Entscheidungsorakel

Hier ist das Entscheidungsorakel sehr hilfreich. Bei diesem benötigst du keine Signifikatorkarte. Du ziehst einen magischen Kreis, wie ich es ab S. 35 beschrieben habe. Dann konzentrierst du dich ganz fest auf das anstehende Ereignis. Du befreist deinen Geist vollkommen von allen anderen Sorgen und Problemen und denkst nur noch an das Ereignis, das dich verunsichert oder dir Sorgen bereitet. Stell dir vor, du triffst dich zum Beispiel zum ersten Mal mit einem Jungen und kannst dir nicht vorstellen, dass du souverän und cool sein wirst. Dann ziehst du eine Karte, z.B. die Distelkarte, die du folgendermaßen deuten kannst:

Du lässt dich in deinen Entscheidungen allzu sehr von deiner Umwelt beeinflussen. Folge deiner inneren Stimme und habe den Mut, deine Entscheidungen selbst zu treffen. Vielleicht sind deine Freunde oder deine Familie mit diesem Jungen nicht einverstanden und du weißt nicht, ob du gut daran tust, dich auf ihn einzulassen? Höre auf den Rat anderer Menschen, aber beurteile diesen auch immer nach deinen eigenen Maßstäben. Sei deshalb auch vorsichtig, bevor du dich in einer neuen Liebe verlierst. Arbeite an deinem eigenen Selbstbewusstsein!

Das Schicksalsorakel

Das nächste Legemuster, das Schicksalsorakel, ist geeignet, wenn du selber keine Antwort auf eine konkrete Frage hast oder du Hilfe bei einer Analyse der aktuellen Situation benötigst, um eine Entscheidung zu treffen. Diese Methode schaut sich die Vergangenheit an, um zu verstehen, wie das Problem zu Stande kam. Dann wird die Gegenwart unter die Lupe genommen, um zu sehen, welche Maßnahmen getroffen werden sollten, damit du besser mit der Situation umgehen kannst. Und schließlich gibt es einen Ausblick in die Zu-

kunft, der auf der Grundlage der beiden anderen Deutungen basiert.
Alle drei Karten – Vergangenheit, Gegenwart und Zukunft – beeinflussen sich gegenseitig. Es gibt also keine feste Deutung, sondern
eine, die in ständiger Bewegung ist und immer nur von den Energieströmen ausgehen kann, die du – als Zentrum des Orakelspruches –
gerade aussendest.

Bei dieser Methode ist es wichtig, ob die Karte „aufrecht" (mit dem
Stängel, Blattansatz etc. zu dem Legenden hin platziert) oder „gedreht" (mit der Blüte, der Blattspitze etc. nach unten platziert) erscheint, denn die meisten Pflanzen haben eine starke und eine
schwache Bedeutung. Jede Eigenschaft birgt eine Chance, aber auch
eine Gefahr in sich. Mut ist an und für sich eine positive Eigenschaft.
Er kann aber auch gefährlich sein, wenn er sich in Draufgängertum
wandelt und dich dazu verleitet, unkalkulierte Risiken einzugehen.
Wenn du nun eine Karte ziehst, die vor allem Mut repräsentiert, dann
ist es sehr wichtig, ob sie aufrecht oder gedreht erscheint, denn du
wirst in deiner Deutung darauf eingehen müssen: Entweder rätst du
zur Tat und „zum ersten Schritt" oder dazu, die Situation noch einmal genauer zu analysieren, bevor gehandelt wird.

Mein Tipp:

*Falls du dir unsicher sein solltest (manche Pflanzen sehen sich
nach dem Trocknen gar nicht mehr ähnlich ...), dann rate ich dir,
die Karten bei der Herstellung so zu markieren, dass du ohne viel
Nachdenken oben und unten erkennen kannst. Schließlich willst
du bei deiner Deutung nicht durch hektisches Nachschlagen der
Pflanzenformen aus der Konzentration gebracht werden.*

Die Karte, die den Fragesteller repräsentiert, legst du in die Mitte.
Links davon platzierst du die Karte, die Auskunft über die Vergangenheit gibt. Über die erste Karte setzt du die Karte der Gegenwart und
rechts von der ersten Karte legst du die vierte Karte, die das Ergebnis
deiner Handlungen, oder auch die Zukunft, repräsentiert.

Wie du siehst, verbindet die Karte des Fragestellers alle anderen miteinander, kann sie alle beeinflussen und gibt ihnen damit einen Sinn.
Dieses Bild ist sehr wichtig, denn deine Deutung der drei Zeitzu-
stände kann eben nur von der Persönlichkeit und der magischen
Energie desjenigen bestimmt werden, der das Orakel befragt. Man

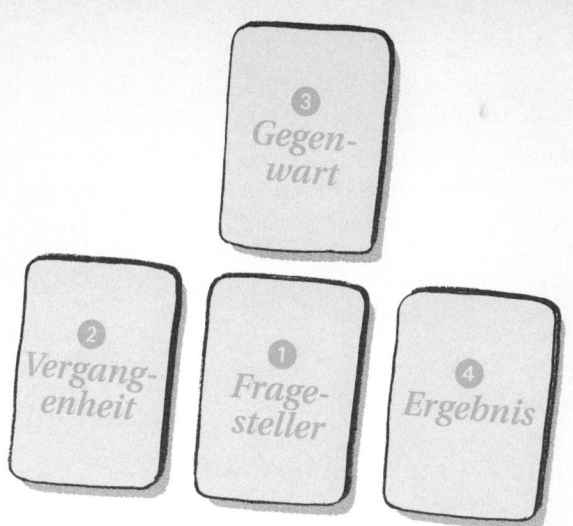

kann ihm nicht eine Standarddeutung überstreifen oder gar aufzwängen, wie dies oft in schlechten Horoskopen geschieht. Der Fragesteller bestimmt, wie er die Orientierungshilfe des Orakels aufnimmt – das ist sehr wichtig!

Weiterhin musst du Folgendes bei deiner Deutung beachten:

Die Gegenwart, also die dritte Karte, die über der des Fragestellers, hat den stärksten Einfluss. Ihre Deutung sollte für die Entscheidung, die eventuell aus dem Orakelspruch heraus getroffen wird, von Ausschlag sein. Die zweite Karte, die Vergangenheit, ist insofern von großer Bedeutung, als dass sie verstehen hilft, wie es zu der gegenwärtigen Situation kommen konnte. Mit ihrer Deutung betreibt ihr „Ursachenforschung". Hier kann die Beeinflussung des Fragestellers eine große Rolle spielen, im positiven Sinne wohlgemerkt. Denn der Orakelspruch soll ihm ja dabei helfen, besser zu verstehen, wie Vergangenheit und Gegenwart zusammenhängen. Dieses Verständnis kann seine Entscheidungen auf ganz neue Art und Weise beeinflussen. Genauso hat die Gegenwartskarte Auswirkungen auf die Deutung der vierten und letzten Karte, die dir Auskunft über die Zukunft gibt. Ohne ein genaues Verständnis der Gegenwart kann keine sinnvolle Entscheidung für die Zukunft getroffen werden. Auch hier wird wieder der persönliche Einfluss des Fragestellers von großer Bedeutung sein, auch wenn du nicht selber das Orakel befragst, sondern den Orakelspruch für jemanden deutest. Denn schließlich sollte die ganz individuelle magische Energie des Fragestellers seine zukünftigen Handlungen bestimmen – und nicht deine Deutung.

Mein Tipp:

Denke immer daran: Das Orakel aus dem Buch der Schatten will keine Hexe in eine bestimmte Richtung drängen. Oberstes Gebot ist und bleibt die persönliche Freiheit, für die die innere Stimme der Maßstab sein sollte!

Ein Beispiel:

Du fragst das Orakel:

Wie wird sich der Wechsel von einer Schule zur anderen auf meine Freundschaft mit Paula auswirken?

Du legst die folgenden Karten:

Die Karte des Fragestellers: Thymian
Die Karte der Vergangenheit: Salbei (gedreht)
Die Karte der Gegenwart: Rosmarin
Die Karte der Zukunft: Minze

Dann könnte deine Deutung folgendermaßen aussehen:

Die Karte des Fragestellers:
Du hast den Mut, diesen Wechsel in Angriff zu nehmen, der notwendig war. Schwierigkeiten kannst du ins Auge sehen, ohne dass du gleich jemanden zu Hilfe rufen musst. Auch nicht deine Freundin Paula. Du bist selbstbewusst genug, um dir alleine einen neuen Platz in der Schule zu erobern.

Die Vergangenheit:
Die Karte steht für Chaos und Unordnung. Wenn du vielleicht auch kein unordentlicher Typ in Sachen Klamotten und anderer Gegenstände bist, so bist du doch ganz sicher jemand, der in der Vergangenheit Probleme zu oft aus dem Weg gegangen ist. Du hast den einfachen Weg vorgezogen. Dadurch wurde alles nur viel schwieriger und verworrener, bis schließlich weder du noch deine Umgebung einen Ausweg gefunden haben. Da du explizit nach deiner Freundschaft mit Paula gefragt hast, kann diese Karte zeigen, dass es noch etwas Verworrenes, Ungeklärtes in eurer Freundschaft gibt. Ihr solltet erst einmal „Aufräumen" und euch aussprechen, bevor du auf die andere Schule wechselst und die Distanz eure Freundschaft noch einmal erschwert.

Die Gegenwart:
Der Rosmarin steht für Gemeinschaft und gesellige Aktivitäten. Das kann bedeuten, dass du trotz der schulischen Veränderungen nicht alleine bist und deine Freunde weiterhin behalten wirst. Es kann ebenfalls bedeuten, dass du recht bald neue Freunde finden wirst. In jedem Falle ist es eine sehr gute Karte.

Die Zukunft:
Den Wechsel in eine andere Schule kannst du sehr gut verkraften. Du hast das nötige Selbstbewusstsein und wirst Freunde haben, die dich unterstützen. Versuche, nicht noch einmal in das Chaos und den ungeordneten Zustand deiner Vergangenheit zu verfallen. Befrage dich immer wieder, ob du tatsächlich den Realitäten ins Auge siehst. Plane deine Zukunft mit Bedacht, denn die Schule ist keine lästige Notwendigkeit, sondern sehr wichtig für dein ganzes zukünftiges Leben.

So könnte also eine Deutung des Orakelspruches aussehen. Wenn du die Karten für jemand anderen gelegt hast, dann frage ihn nun, was er darüber denkt. Erkennt er sich in deiner Deutung wieder? Hat er noch Fragen? Möchte er noch etwas ergänzen? Lass ihm Zeit, über deine Deutung nachzudenken. Vielleicht braucht er auch einige Tage, um zum tatsächlichen Sinn der Deutung vorzustoßen. Dann solltet ihr noch einmal die Gelegenheit ergreifen, um darüber zu reden.

Und noch eins: Wenn er den gesamten Orakelspruch und deine Deutung ablehnt, dann musst du das akzeptieren. Das Orakel ist nicht unfehlbar und kann nicht alle Energieströme aufspüren. Dazu kommt: Auch du benötigst viel Übung, bevor deine Deutungen genauer und damit auch für andere verständlicher werden. Auch du musst dich erst einmal eingehend mit dem Orakel beschäftigen, bevor du ein wirkliches Gespür für die Karten und ihre Bedeutungen entwickelst. Es geht dir hier wie mit allen anderen Zauberkünsten: Übung macht die Hexe! Und das Orakel.

Das Geistorakel
Das Geistorakel arbeitet wie ein Pentagramm. Fünf Karten sind wie die Spitzen eines Sterns um die Karte des Fragestellers, den Signifikator, herum gruppiert. Wenn du schon eine erfahrene Hexe bist, weißt du, was ein Pentagramm ist, und vor allem, welche Bedeutung es für uns Hexen hat.

Die Bedeutung des Pentagramms

Das Pentagramm ist eines unserer wichtigsten Symbole. Du wendest es bei vielen magischen Ritualen an, z.B. wenn du den Kreis ziehst, um das Orakel zu befragen. Das Pentagramm ist aber auch das Symbol unseres Hexentums, das am meisten missgedeutet wird. Viele Menschen halten es für das Symbol des Bösen. Das Gegenteil ist der Fall! Es repräsentiert für uns gerade den Kampf gegen das Böse und die Abwehr negativer Kräfte. Deshalb ist es ja auch in der Lage, dir beim Aufbau eines Schutzraumes für deine Zauber und Orakelsprüche zu helfen.

Ein Pentagramm ist der Form nach erst einmal ein einfacher fünfzackiger Stern. Dieses Symbol kommt ursprünglich aus dem Christentum, erst die neuere Zeit bringt es mit den Satanisten – also Leuten, die den Teufel anbeten – in Verbindung. Die Seiten der Zacken stehen miteinander in Verbindung.

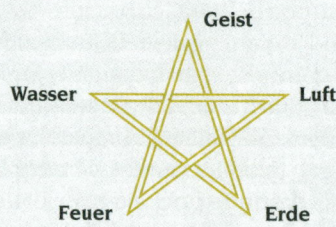

Einige Christen sahen in dem Pentagramm die Repräsentation der fünf Wunden Christi und nahmen es als Schutz gegen böse Kräfte. Die ersten Hebräer brachten den fünfzackigen Stern mit den ersten fünf Büchern der Bibel in Verbindung und sahen in ihm das Symbol für Wahrheit. Für die Ritter des Mittelalters stellte das Pentagramm die ritterlichen Tugenden dar, die ihnen in ihrer Lebensführung sehr wichtig waren. So wurde zu allen Zeiten dieses Zeichen als Symbol für das Gute genommen.

Für uns als moderne Hexen stehen die fünf Zacken des Pentagramms für den Geist und die vier Elemente, die die Energien des Lebens repräsentieren: Wasser, Luft, Feuer und Erde. Die vier Elemente helfen uns bei unseren Zaubern und stützen unsere magischen Energien.

Unser Stern steht immer mit einer Spitze nach oben und zwei Spitzen nach unten. Die nach oben deutende, einzelne Spitze heißt: Mein Geist ist stärker als meine Probleme und alle widrigen Umstände, die der Lösung des Problems entgegenstehen. Es drückt aus, dass wir immer mit diesem Grundsatz arbeiten werden.

Das Geistorakel sagt dir vor allem etwas über deine Gefühle. Es hilft dir, klarer zu sehen und zu erkennen, wie du besser mit ihnen umgehen kannst. Wenn du also mitten in einer verfahrenen Liebesangelegenheit steckst und selber nicht mehr weißt, was du eigentlich fühlst und wie es weitergehen soll, dann solltest du dieses Orakel befragen.

Das Geistorakel ist das schwierigste von allen, vor allem deswegen, weil es besonders auf die Gefühle des Fragestellers eingeht. Lies dir sehr aufmerksam die Lege- und Deutungsregeln durch und übe ruhig ein paar Mal, bevor du für jemand anderen das Orakel befragst. Es ist nicht einfach, die Bedeutung der verschiedenen Karten zu begreifen. Daran ist schon so manch andere Hexe gescheitert, lass dich also nicht entmutigen und versuch es immer wieder.

Und so legst du das Orakel:
In die Mitte kommt wie immer die Karte des Fragestellers (A).

Rechts oben davon legst du die Karte der Luft (B). Hier findest du die Gefühle, die dich im Moment umgeben, die deine Entscheidungen bestimmen. Diese allgemeine Stimmung solltest du bei der Deutung des Orakelspruches nicht unterschätzen, denn sie bestimmt deine aktuellen Entscheidungen.

An die rechte untere Spitze des Pentagramms legst du die Karte der Erde (C). Hieraus wirst du lesen, wie du dich körperlich fühlst. Des Weiteren kannst du in dieser Karte sehen, ob du im Moment kreativ bist, neue Lösungen für alte Probleme suchst oder eher zu Altbekanntem und zur Sicherheit neigst.

An die linke untere Spitze kommt die Karte des Feuers (D). Feuer bedeutet immer Hitze und Energie. Diese Karte wird dir sagen, in welche Richtungen Veränderungen möglich sind, aber auch, wo es zu Konflikten und Streit kommen kann.

Links oben von der Karte des Fragestellers platzierst du die Karte des Wassers (E). Dies ist eine sehr interessante Karte, die es mit größter Vorsicht zu deuten gilt. Das Wasser teilt uns verborgene Gefühle mit. Es gibt Auskunft über Dinge, die unter der Oberfläche brodeln, Dinge, denen wir ungern ins Auge sehen. Sei sehr vorsichtig mit der Deutung dieser Karte, vor allem, wenn du sie für jemand anderen deutest. Oft ist es sehr viel besser, sich im Dialog mit dem anderen an die richtige Deutung heranzutasten. Denn wer könnte besser wissen, was im Verborgenen liegt, als der Fragesteller selber? Falls jemand sich nicht an die Deutung dieser Karte herantraut, musst du dies akzeptieren. Das Gleiche gilt, wenn er mit deiner Deutung nicht einverstanden sein sollte. Du musst das respektieren! Denke immer daran: Du kannst niemandem deine Deutung aufzwingen. Deine Deutung muss nicht die Wahrheit des Orakelspruchs ausdrücken. Die Wahrheit liegt im Fragesteller, er allein kann sie finden.

Die Karte auf der obersten Spitze des Pentagramms ist die des Geistes (F). Hier findest du die Antwort auf deine Frage. Unter der Voraussetzung, dass du dich vorher mit der Bedeutung der anderen Karten auseinander gesetzt hast. Du kannst dabei Schwerpunkte setzen. Erfahrene Hexen legen diese vor allem auf die Karte der Luft (aktuelle Gefühlssituation) und die des Wassers (verborgene Gefühle). Für Anfänger ist dies jedoch sehr schwierig – aus den Gründen, die ich weiter oben erläutert habe. Oft ergibt sich der Schwerpunkt auch aus der Frage selber oder aus der Persönlichkeit des Fragestellers. Falls jemand darauf brennt, nun endlich eine Entscheidung zu treffen, und aus diesem Grunde das Orakel befragt, dann wird die Karte des Feuers für ihn die wichtigste sein. Wenn jemand wissen möchte, wie er sich in der nächsten Zeit entwickelt, ob sein Selbstbewusstsein wächst oder ob er nun endlich zu seiner kreativen Ader findet, dann sollte er sich die Erdkarte besonders genau anschauen. Dies musst du bei deinen Deutungen berücksichtigen.

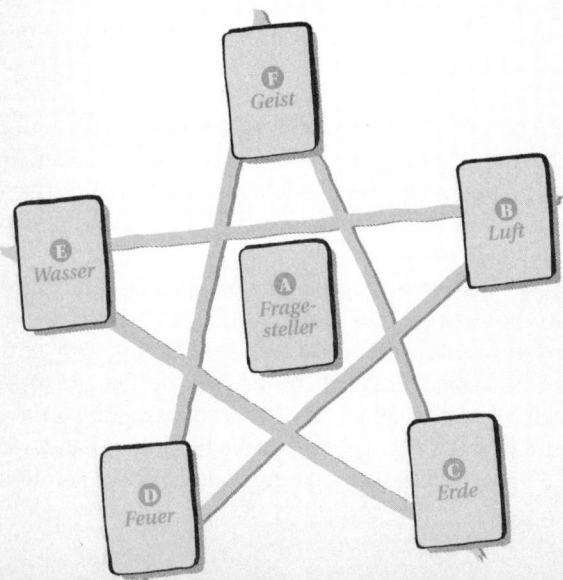

Ein Beispiel:

Frage:

Soll ich eine Beziehung mit Mark beginnen?

Karten:
A – Die Karte des Fragestellers: Minze
B – Die Karte der Luft: Nelke (gedreht)
C – Die Karte der Erde: Eiche (gedreht)
D – Die Karte der Feuers: Rose
E – Die Karte des Wassers: Butterblume
F – Die Karte des Geistes: Basilikum

A – Die Karte des Fragestellers:
Du fühlst dich stark und energiegeladen. Du bist selbstbewusst und fühlst dich in der Lage, Dinge anzugehen und zu ändern, von denen du bisher glaubtest, sie seien nicht zu ändern.

Ein Hinweis: Falls die Minze gedreht erscheinen würde, hieße dies, dass du dir von der Beziehung erhoffst, dass sie für dich Probleme löst, die du besser selber lösen solltest.

B – Die Karte der Luft:
Die Nelke ist die Pflanze der Bewunderung, der Anerkennung. Sie ist ein Spiegel der Art, wie die anderen dich wahrnehmen. In gedrehter Position kann sie heißen, dass jemand aus deinem Umfeld die neue Verbindung nicht gutheißt und der- oder diejenige droht, die Freundschaft oder Zuneigung zu kündigen. Dies kann gut für dich sein, weil diese Person dich eventuell zu Unrecht einengen möchte. Es kann aber schlecht sein, wenn dir (oder dem Fragesteller) viel an der Person liegt. Ob gut oder schlecht kann allein der Fragesteller wissen.

C – Die Karte der Erde:
Du hast ein starkes Bedürfnis, alleine zu sein, um dich voll zu entfalten und dich nicht in der Zweisamkeit zu verlieren. Du solltest dich fragen, ob die neue Beziehung dir diese Möglichkeit gibt. Wenn du vor einer schweren Entscheidung stehst oder an einem anderen Problem zu kauen hast, tendierst du dazu, dich zurückzuziehen. Überlege, ob das immer die richtige Lösung ist. Oft kannst du schneller und besser zu einer Lösung des Problems gelangen, wenn du dir

Hilfe von deinen Freunden und deiner Familie suchst. Sprich mit einer guten Freundin über deine Zweifel an der Beziehung!

D – Die Karte des Feuers:
Die Rose ist die Karte der Liebe, das weißt du sicher von anderen Zauberritualen. Als Feuerkarte in aufrechter Position heißt das, dass es bei euch richtig knallen kann ... im Guten wie im Schlechten!

E – Die Karte des Wassers:
Die Butterblume deutet darauf hin, dass deine Gefühle stabil sind und du im Moment nicht dazu neigst, deine Meinung im Hinblick auf die Beziehung jeden Tag neu zu überdenken. Sie zeigt aber auch, dass du ein großes Bedürfnis nach Sicherheit und Geborgenheit hast. Dieses Bedürfnis solltest du unbedingt berücksichtigen.

F – Die Karte des Geistes:
Du solltest handeln ... und nicht allzu viel zögern. Basilikum deutet darauf hin, dass du darauf achten solltest, eine Gelegenheit nicht zu verpassen. Sei mutig, geh das Risiko ein. Alle Karten deuten darauf hin, dass deine Gefühle stark genug sind und dass du ausreichend innere Stärke besitzt. Höre auf deine innere Stimme!

Ein Hinweis: Basilikum in gedrehter Position warnt dich vor übereilten Entscheidungen. Er zeigt dir, dass du vielleicht zu schnell in etwas hineingeschlittert bist und dich nun deshalb unwohl fühlst!

So kannst du das Orakel deuten

Nun stehen dir verschiedene Legemuster zur Verfügung. Du kannst dir immer das aussuchen, das der Fragestellung am besten entspricht.

> ## Die drei Regeln der Orakeldeutung:
> 1. Es gibt keine eine absolute Wahrheit!
> 2. Der Orakelspruch ist eine Orientierungshilfe.
> 3. Die Wahrheit liegt in dir! Höre auf deine innere Stimme!

Du wirst feststellen, dass die Texte in der Gegenwart formuliert sind, auch wenn es sich um Vergangenheit und Zukunft handelt. Und zwar aus folgendem Grunde: Während der Deutung vereinigen sich die Zeitformen auf diesen einen Punkt innerhalb deines Kreises und auf diesen einen Zeitpunkt der Deutung des Orakels. Zeit und Raum sind quasi aufgehoben. Das klingt ein wenig merkwürdig und vor allem wenig logisch? Du hast Recht! Dennoch handelt es sich ja um deine Wahrnehmung von Vergangenheit und Zukunft zu diesem einen Zeitpunkt in der Zukunft. Den Liebeskummer von vor drei Monaten hast du dann anders empfunden als heute (Gott sei Dank!). Die nächste Woche anstehende Matheprüfung siehst du heute anders als am Tag der Entscheidung. Das Orakel kann also nur von den Gefühlen und Energieströmen ausgehen, die dich und dein Umfeld heute bestimmen. Das Gleiche gilt, wenn du das Orakel für jemanden anderen befragst.

Führe ein Deutungstagebuch

Manchmal wirst du bei der Lektüre der Deutungen feststellen, dass deine innere Stimme dir etwas anderes sagt. Wenn Basilikum auf die schnelle Tat hindeutet, wirst du vielleicht fühlen, dass du selber etwas anderes mit dieser Pflanze verbindest: Lebensfreude oder Geborgenheit. Wenn sich dieses Gefühl nach mehreren Deutungen festigt, rate ich dir, die Deutung umzuschreiben und deine persönliche für zukünftige Orakelsprüche zu verwenden. Selbstverständlich solltest du nicht leichtfertig alles ändern, was das *Buch der Schatten* dir als Deutung anbietet. Es ist über Jahrhunderte hinweg bestätigt worden und ist in unserer Tradition als Hexen verankert. Doch gilt zuallererst: Folge deiner inneren Stimme! Und wenn du sicher bist, dass sie für dich mehr Geltung hat als das *Buch der Schatten*, dann solltest du auf sie hören.

Am besten führst du eine Art Tagebuch über deine Deutungen. So kannst du sehen, wie du dich entwickelst, ob deine Interpretationen der Orakelsprüche sich bewahrheiten, ob deine Deutungen mit der Zeit genauer werden. Hier solltest du auch vermerken, wenn du das Gefühl hast, dass die Bedeutung der ein oder anderen Pflanze dir nicht entspricht. Schreibe auch auf, welche Alternative dir deine innere Stimme diktiert. So werden sich andere mögliche Deutungen herauskristallisieren, denn du kannst nachverfolgen, welche tatsächlich immer wiederkehren.

Die Seele
fühlt sich in
Bereichen jenseits
von Raum und Zeit
zu Hause.

(Thomas Moore, Die Seele lieben)

Die Sprache der Natur

Ich werde dir nun die einzelnen Pflanzen und ihre Bedeutung in einem Orakelspruch vorstellen. Denke daran, dass du nicht einfach eine Karte ziehen kannst und schon hat das Orakel zu dir gesprochen. Du musst vorher die Vorbereitungen durchführen, die ich dir weiter vorne im Buch ausführlich dargelegt habe. Noch ein Hinweis, bevor du dich intensiv mit den einzelnen Karten beschäftigen kannst: Zu Anfang wirst du sicherlich einfach den hier geschriebenen Text als Deutung vorlesen und du und der Fragesteller, ihr werdet euch intensiv damit auseinander setzen und sie durch eure eigene Interpretation erweitern. Später wirst du die grundsätzliche Bedeutung der Karten auswendig kennen. Dann kannst du dazu übergehen, deine Deutungen persönlicher zu formulieren. Das ist eine Entwicklung, die darauf hindeutet, dass du zu deiner eigenen magischen Macht findest. Aber auch diese eigenen Formulierungen sollten sich nicht zu stark von der ursprünglichen Bedeutung der Karten entfernen. Achte darauf, dass diese immer die Basis deiner Deutungen bleibt. Um es dir leichter zu machen, habe ich dem Text zur jeweiligen Pflanze einige Stichworte vorangestellt, die die Essenz der Deutung noch einmal zusammenfassen.

Noch ein Hinweis:
Von einigen Pflanzen gibt es mehrere Arten, z.B. vom Holunder, von der Rose, den Moosen. Lass dich davon nicht beirren. Solange deine Pflanze zur Gattung der hier beschriebenen Arten zählt, hat sie innerhalb des Orakels die gleiche Bedeutung. Es ist also egal, ob du z.B. eine Tee-, China- oder eine Moosrose für dein Orakel auswählst, so lange es sich um eine Rose handelt.

Anis

Mut – Selbstvertrauen – Angst

Anis gibt dir Auskunft über deinen Umgang mit Unsicherheit und Angst. Du bist konfrontiert mit einer neuen Situation, mit einem Wechsel und fühlst dich nicht stark genug, sofort eine Entscheidung zu treffen. Du hast Zweifel und weißt nicht, ob sie berechtigt sind. Denke daran, dass ein Wechsel auch immer eine Chance bedeutet. Veränderung ist an und für sich betrachtet neutral, es kommt immer darauf an, was du daraus machst. Angst ist da ein schlechter Berater. Sprich mit deinen Freunden, mit deiner Familie. Versuche, von den Erfahrungen anderer mit ähnlichen Situationen zu profitieren. Andere Menschen können dir bei deinen Überlegungen helfen. So kann die Angst und Unsicherheit abgebaut werden, und du kommst zu einer Entscheidung.

Gedreht: Kann es sein, dass deine innere Stimme versucht, dich zu warnen? Prüfe dich selber. Und sei ehrlich! Könnten deine Angst und Unsicherheit begründet sein? Versucht vielleicht jemand, dich gegen deinen Willen, zu einer Tat oder Entscheidung zu drängen? Nimm noch einmal Abstand, lass dir alle Zeit der Welt und überlege dir genau, was DU brauchst, um dich glücklich und sicher zu fühlen. Lass dir von niemandem etwas einreden, was deine innere Stimme nicht befürwortet.

APFELBAUM

Versuchung – Liebe – Wahlmöglichkeiten

Der Apfel ist das Symbol für Versuchung und verschiedene Wahlmöglichkeiten. Die Karte weist also darauf hin, dass du eine schwere Entscheidung zu treffen hast. Diese ist leider nicht eindeutig, sondern es spielen viele verschiedene Aspekte eine Rolle. Du bist dir unsicher, welche Priorität du setzen sollst und kannst deswegen sehr schwer ein Urteil fällen, mit dem du dich wohl fühlst. Nimm dir die Zeit, alle Seiten einer möglichen Entscheidung zu bedenken. Gehe alle Möglichkeiten systematisch durch und bedenke dabei, welche Konsequenzen sich jeweils ergeben würden. Gerade jetzt solltest du keine Entscheidung aus einer Laune heraus treffen!

Gleichzeitig ist der Apfel für uns Hexen das Symbol der Liebe. Auch hier warnt die Karte in der aufrechten Position davor, deinen Gefühlen allzu schnell nachzugeben. Gib auch in Liebesdingen immer gut auf dich Acht!

Gedreht: In dieser Position weist der Apfel dich darauf hin, dass du einer Versuchung oder einem spontanen Gefühl nachgegeben hast und es jetzt bereust. Da das Kind schon in den Brunnen gefallen ist, sei nicht zu streng mit dir! Nun musst du mit den Konsequenzen leben und das Beste daraus machen. Da eine fatalistische Einstellung zu keiner Hexe passt, übernimm wieder die Kontrolle über die Situation. Plane im Voraus. Nichts geht einfach seinen Weg, du kannst alles zu jedem Zeitpunkt zu deinen Gunsten beeinflussen.

BALDRIAN

Glück – Optimismus

Du nimmst alles locker und machst dir keine allzu großen Sorgen über deine Zukunft. Was kommt, das kommt, und du bist dir sicher, dass du damit schon fertig wirst. Deine innere Einstellung: Es ist ja noch immer gut gegangen. Diese lockere Art solltest du nicht aufgeben. Wer positiv an eine Sache herangeht, der zieht das Glück auch an. Eine negative Einstellung dagegen kann ein Vorhaben von vornherein zum Scheitern verurteilen. Versuche, dich nicht auf sicheres und bekanntes Terrain zu beschränken, sondern nimm neue Projekte mit dem dir eigenen Elan in Angriff. Und wenn dabei nicht alles so glatt wie gewohnt laufen sollte, dann lass dich nicht entmutigen. Auch durch Rückschläge lernst du und bist das nächste Mal besser gewappnet.

Vielleicht meinst du aber auch, du bist einfach ein Glückspilz? Du bist einfach so toll, dass gar nichts schief gehen kann? Dann überlege einmal, ob nicht andere auch ein bisschen für dein Glück verantwortlich sind. Kann es sein, dass dir Freunde schon oft in schwierigen Situationen rechtzeitig geholfen haben? Dass dir deine Eltern von vornherein Steine aus dem Weg geräumt haben? Du solltest deine Situation noch einmal ehrlich und kritisch unter die Lupe nehmen und dir eingestehen, dass du nicht allein verantwortlich für deine Rolle als Glückspilz bist. Zum Glück!

Gedreht: Im Moment reagierst du alles andere als locker auf das, was auf dich zukommt. Du nimmst zurzeit alles sehr genau. Du strengst dich sehr an und versuchst, alles richtig zu machen. Darauf verwendest du viel Energie und Zeit. Dabei fehlt dir das Quäntchen Lockerheit, damit die Dinge tatsächlich ins Rollen kommen. Du solltest ein wenig Abstand gewinnen und dich mit Dingen beschäftigen, die nur dir alleine wichtig sind. Denke daran: Du kannst es nicht jedem recht machen! Das Wichtigste ist, dass du dich selber magst.

BASILIKUM

Wandel – Optionen

Basilikum ist die Karte der Veränderung, und zwar der schnellen Veränderung. Wenn du jetzt nicht handelst, wirst du vielleicht eine gute Gelegenheit verpassen. Es kann sein, dass nur du diese Gelegenheit wirklich siehst und deine Umgebung erst davon überzeugen musst, dass sich wirklich eine einmalige Chance bietet. Investiere deine ganze Energie. Basilikum kann auch die Pflanze des Wechsels sein: von einer Schule zur anderen, vom Single-Dasein zur Partnerschaft oder von einer beendeten Liebe zu einer neuen. Dieser Wechsel wird gut für dich sein und es werden sich dir neue Türen öffnen.

Gedreht: Du musst darauf achten, dich nicht vorschnell und unüberlegt auf neue Dinge einzulassen. Lass dir die Zeit, die du brauchst, um deine Situation noch einmal zu überdenken. Vielleicht bist du viel zu schnell in etwas hinein gerutscht, und nun fühlst du dich nicht wohl damit. Nimm eine Auszeit. Lass dich nicht unter Druck setzen. Vielleicht fühlst du auch das Bedürfnis nach Veränderung. Du hast den Eindruck, dein Leben tritt auf der Stelle, und nun muss etwas passieren, damit wieder neuer Schwung hineinkommt. Das kann sich nach eingehender Prüfung (z.B. im Gespräch mit der Freundin) durchaus als richtig erweisen. Dennoch – greife nicht nach dem ersten Strohhalm, der sich dir bietet. Überlege dir gut, welcher Wechsel zu dir passt. Was könnte dich weiterbringen? Mit welcher Art der Veränderung fühlst du dich wohl? Höre dabei nicht zu sehr auf Ratschläge anderer, auch wenn sie gut gemeint sind. Höre auf deine innere Stimme, horche in dich hinein. Und dann entscheide erst. Aber – tu etwas! Denn nur du allein kannst dein Leben in die Hand nehmen.

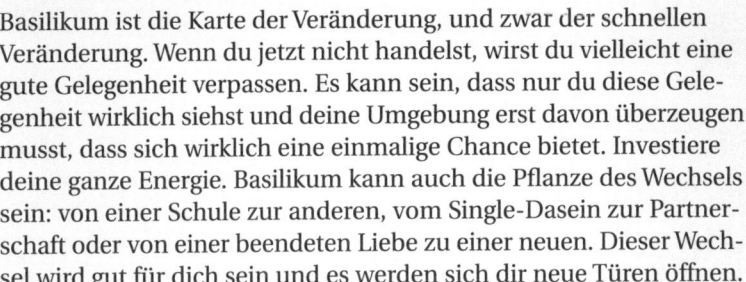

BESENGINSTER

Ordnung – Chaos

Dies ist die Karte der Ordnung. Du hast das Gefühl, die Dinge sollten in deinem jetzigen Lebensabschnitt an ihrem Platz sein, nicht nur im übertragenen, sondern auch im gegenständlichen Sinne. Du versuchst, deine tägliche Routine möglichst einzuhalten, erst dann fühlst du dich sicher und bereit, mit Veränderungen fertig zu werden. Wenn du sehr zielstrebig bist und ganz genau weißt, was du willst, dann siehst du Veränderungen vor allem als Störung deiner Pläne. Wenn du nicht genau voraussehen kannst, wie eine Entwicklung enden wird, lässt du dich ungern darauf ein? Vorsicht ist sicher gut, man sollte sich nie blauäugig und unüberlegt in ein Abenteuer stürzen. Aber versuche einfach einmal, die Dinge auf dich zukommen und das „Schicksal" entscheiden zu lassen. Lass dich auf Neues ein! Ein Bruch mit Gewohntem kann dem Leben eine ganz neue Wendung geben.

Gedreht: Du möchtest endlich reinen Tisch machen. Dein Leben scheint in Unordnung zu versinken, und das gefällt dir gar nicht und verunsichert dich zutiefst. Du kannst dich nicht konzentrieren und verzettelst dich in Dingen, die du für unwichtig hältst. Du hast das Gefühl, deinen Weg, der dir sehr wichtig ist, verloren zu haben. Oft ist diese Karte ein Hinweis darauf, die Zügel des eigenen Lebens fest in die Hand zu nehmen, indem man fragt: „Was ist mir wirklich wichtig im Leben?" Wenn du diese Frage ehrlich beantwortet hast, bist du schon ein gutes Stück weiter.

Birke

Schönheit – Leichtigkeit – Geselligkeit

Du entdeckst ganz neue Eigenschaften an dir – und bist ganz zufrieden damit. Diese Karte sagt Anmut und Schönheit voraus, und zwar nicht nur äußerliche, sondern auch innere. In letzter Zeit haben sich Situationen ergeben, in denen du gute Seiten an dir feststellen konntest, die du bisher noch nicht kanntest. Verfolge diese Entwicklung sehr aufmerksam und achte darauf, dass du so viel wie möglich von dieser positiven Einstellung zum Leben beibehalten kannst. Dies ist eine Zeit, die sehr wichtig für dich sein kann, wenn du eine Hexe bist. Wenn du neue Eigenschaften an dir entdeckst, vor allem gute, dann heißt das, dass deine magische Kraft wächst!

Gedreht: Diese Karte weist dich auf eine destruktive Haltung hin, die du in der letzten Zeit an den Tag gelegt hast. Eventuell bist du gereizt, überempfindlich und findest alles furchtbar uninteressant. Diese Einstellung kann nur negative Folgen für deine unmittelbare Zukunft haben. Zum einen blockiert sie dich in deinen Möglichkeiten, die du mit einer offeneren Haltung viel eher entdecken würdest. Zum anderen ziehst du dein Umfeld mit runter. Die hat vielleicht sogar schon die Nase voll von deiner schlechten Laune. Aber so einfach ist es nicht, sich selber aus dem Sumpf zu ziehen. Zuallererst solltest du herausfinden, was dich wirklich stört. Denn ohne Grund fühlt sich keiner schlecht. Möglicherweise liegt es daran, dass du meinst, die Dinge nicht offen ansprechen zu können. Und so flüchtest du dich in eine allgemeine schlechte Laune. Sprich deine Probleme ganz direkt an. Deine Umgebung wird damit umgehen können.

Bohnenkraut

Realismus – Kontrolle

Du möchtest die Dinge und Menschen in all ihrer harten Realität sehen. Du versuchst, dir nichts vorzumachen, abgebrüht zu sein. Du möchtest „das wahre Gesicht" der Menschen sehen, erst dann kannst du dich sicher im Umgang mit ihnen fühlen. Dabei, so denkst du, ist aber das „wahre Gesicht" oft ein böses. Es fällt dir schwer, an das Gute zu glauben. Du gehst prinzipiell davon aus, dass der Mensch, vor die Wahl gestellt, immer das Bessere für sich selber und das Schlechtere für andere wählt. Alle denken immer nur an sich und du musst sehen, wo du bleibst. Die Entscheidung, die nun ansteht, solltest du versuchen, ein wenig anders zu handhaben. Das Leben mit einer guten Portion Realismus anzugehen ist sicher richtig. Wenn man sich etwas vormacht, kann man nicht die Kontrolle über sein eigenes Leben übernehmen, sondern überlässt es anderen. Doch Vorsicht – verwechsle nicht Realismus mit Zynismus! Ein klarer Blick erlaubt auch die Einsicht, dass der andere dir nicht nur Böses will, sondern auch selbstlos gut sein kann. Erst wenn du diese beiden Extreme vereinen kannst und nicht nur Schwarz und Weiß siehst, bist du wirklich abgebrüht! Versuche, die Antwort auf deine Frage mit dieser veränderten Einstellung zu finden. Du wirst überrascht sein.

Kann es sein, dass du manchmal ein bisschen naiv bist und nur das Gute im Menschen siehst? Du suchst immer erst nach den Motiven, bevor du einen Menschen verurteilst und gehst meistens davon aus, dass diese Motive nicht schlecht sind. Wenn jemand böse handelt, dann nur, weil etwas schief gegangen ist, weil etwas in falsche Bahnen geraten ist oder weil er ganz einfach missverstanden wurde. Und oft fühlst du dich berufen, dieses Missverständnis aufzuklären und menschliche Beziehungen wieder auf die richtigen Gleise zu setzen. Dabei reibst du dich auf und tendierst dazu, dich selber und deine Bedürfnisse zu vergessen. Dass wir uns nicht falsch verstehen: Eine optimistische Einstellung ist gut, und es ist sicher richtig, immer erst einmal das Beste von einem Menschen anzunehmen. Doch solltest du auch daran denken, dich selber zu schützen, falls jemand in deiner Umgebung sich einmal nicht als der erweist, für den du ihn gehalten hast. Denn leider ist dies die Realität. Du

hast das Gefühl, der ein oder andere nutzt deinen unerschütterlichen Glauben an die Menschheit aus? Du zerreibst dich zwischen den Ansprüchen anderer Leute? Dann sieh zu, dass du ins Trockene kommst. Ein wenig Realismus kann dir helfen, dich besser und stärker zu fühlen und damit auch anderen sehr viel effizienter helfen zu können als mit Blauäugigkeit.

BRENNNESSEL

Romantik – Verletzlichkeit – Aufregung

Du hast Lust, dich zu verlieben ... Entweder hast du schon jemand vor Augen, für den du schwach werden könntest. Oder du fühlst dich ganz emotional und romantisch und hast Lust, mal wieder Liebe und Leidenschaft zu erleben. Aber ganz traust du dich nicht. Du hast Angst, einen Fehler zu machen und verletzt zu werden. Diese Unsicherheit ist eine Warnung deines Unterbewusstseins: Pass auf dich auf! So schön die Liebe ist, sie macht verletzlich. Es ist immer schwer, den goldenen Mittelweg zwischen Offenheit und Vorsicht zu finden. Versuch es trotzdem. Auch in der größten Verliebtheit darfst du dich nicht aufgeben.

Gedreht: Du findest dein Leben langweilig und ohne Spannung. Es ist schon lange her, dass etwas passiert ist, das dich mal so richtig aus deiner Routine geholt hat. Von Leidenschaft ganz zu schweigen ... Du interessierst dich für nichts richtig und langweilst dich oft. Gleichzeitig weißt du aber auch nicht, wie du dich aus dieser Sackgasse befreien kannst. Denke daran: Interesse entsteht auch aus deiner aktiven Einstellung zum Leben. Es heißt nicht nur „das interessiert mich", sondern auch „ich interessiere mich dafür". Überlege, ob du dich nicht so weit entwickelt hast, dass die Dinge von gestern einfach nicht mehr interessant für dich sind. Du solltest dich umorientieren, ganz neue Wege gehen. Vielleicht willst du gar nicht mehr zum Tennistraining gehen, sondern möchtest viel lieber eine Band gründen? Arbeite daran, deine Träume zu verwirklichen, dann ist das Leben auch interessant. Und was die Liebe angeht ... das kannst du nicht erzwingen. Da wird es auch dich früher oder später wieder treffen. Und ganz sicher eher früher ...

BUTTERBLUME

Stabilität – Geborgenheit

Die Butterblume deutet darauf hin, dass deine Gefühle stabil sind und du nicht dazu neigst, deine Meinung jeden Tag neu zu überdenken. Du kannst dir selbst vertrauen und wenn du einmal eine Entscheidung getroffen hast, dann stehst du dazu. Das macht dich auch für deine Umgebung sehr verlässlich. Man folgt deinen Ratschlägen. Die Butterblume zeigt aber auch, dass du selber ein großes Bedürfnis nach Sicherheit und Geborgenheit hast. Vielleicht ist es dir manchmal zu viel, dass alle Welt sich an dich wendet, wenn etwas schief geht. Hier musst du deutlich deine Grenzen zeigen!

Gedreht: Heute hüh, morgen hott. Auf nichts kannst du dich mehr verlassen. Gestern waren alle noch sehr freundlich zu dir, heute schon kannst du dich vor Gegenwind kaum noch auf den Beinen halten. Du selber weißt nicht mehr, was du glauben sollst. Deshalb besprichst du alles ausführlich mit jedem und änderst deine Meinung jedes Mal dem jeweiligen „Ratgeber" entsprechend. Versuche unbedingt, eine eigene Linie in all dem Trubel zu finden. Du kannst dich nicht nach allen gleichzeitig richten.

DILL

**Energie – Selbsterkenntnis –
Durchhaltevermögen**

Du willst schon so lange etwas ändern. Dein Zimmer neu dekorieren, mit dem Reiten beginnen, einen Malkurs anfangen, endlich Mathe lernen. Aber du schaffst es nicht. Du versuchst es seit Wochen, aber es bleibt bei den guten Vorsätzen. Oder du fängst etwas an und lässt es nach zwei Tagen wieder fallen. Dir fehlt nicht die Lust und auch nicht die Motivation. Aber irgendetwas hält dich davon ab, dein Vorhaben tatsächlich in die Tat umzusetzen. Unsicherheit? Deine Umwelt denkt, Reiten passt nicht zu dir? Egal! Du wirst dir gerade jetzt dessen bewusst. Die Karte Dill bedeutet Selbsterkenntnis und einen energischen Anschub. Du wirst also zu deiner blockierten Vitalität finden. Und endlich das machen, was DU möchtest.

Gedreht: Du verzettelst dich in tausend und abertausend Vorhaben. Du fängst alles an und machst nichts richtig. Du verschwendest deine Energie. Das können Ablenkungsmanöver sein, weil dir tatsächlich nicht alles, sondern im Gegenteil nichts wirklich wichtig ist. Du solltest einen Gang runterfahren und alles ein wenig langsamer angehen lassen. Bald wirst du aber etwas finden, das dir tatsächlich am Herzen liegt und für das du dich voll und ganz einsetzen kannst. Das kann eine große Liebe oder ein neues Musikinstrument sein. Es wird in jedem Falle mit Leidenschaft und Gefühl zu tun haben und dich ganz in Anspruch nehmen. Freu dich drauf!

DISTEL

Blockade – Durchsetzungsvermögen

Du bist aus irgendeinem Grund in eine Sackgasse geraten. Du fühlst dich unter Druck, und das auch nicht aus eigener Schuld heraus, sondern weil andere dich oder die Situation missverstehen. Dabei fühlst du dich unabhängig und stark. Du reagierst mit trotziger Auflehnung. Versuche, nicht aus dem Bauch heraus zu handeln, sondern mit dem Verstand an die Lösung dieser verfahrenen Situation heranzugehen. Eventuell ist auch ein Kompromiss möglich, der alle Beteiligten zufrieden stellt. Das setzt aber voraus, dass sich keiner an seine Position klammert. In jedem Falle solltest du jetzt eine Wahl treffen – und dies nicht im Streit, sondern in Ruhe und mit Besonnenheit, um deine Würde zu wahren.

Gedreht: Du hast das Gefühl, allzu oft zurückzustecken? Die Distel ist die Karte, die dir vor allem etwas über dein Selbstvertrauen sagt. In der gedrehten Position heißt sie, dass du dich allzu oft anderen Meinungen unterordnest. Dabei fühlst du dich aber gar nicht wohl, weil du dir sehr wohl deine eigenen Gedanken machst. Selbstverständlich sollst du auf die Ratschläge anderer hören, vor allem, wenn sie weiser und erfahrener sind als du. Besinne dich jedoch mehr auf deine inneren Überzeugungen, auf deine Einstellung zu bestimmten Themen, wenn du das nächste Mal eine Entscheidung zu treffen hast (und vor allem, wenn du das Orakel befragst, um bei einer jetzt anstehenden Wahl Unterstützung zu bekommen). Sei dir über deine eigenen Wünsche im Klaren, unabhängig von den Wünschen anderer, seien es Freunde, Eltern oder Lehrer. Dann wird es dir leichter fallen, dich in wichtigen Fragen durchzusetzen. Das ist ein langer Prozess und gelingt nicht von heute auf morgen. Beginne jetzt damit.

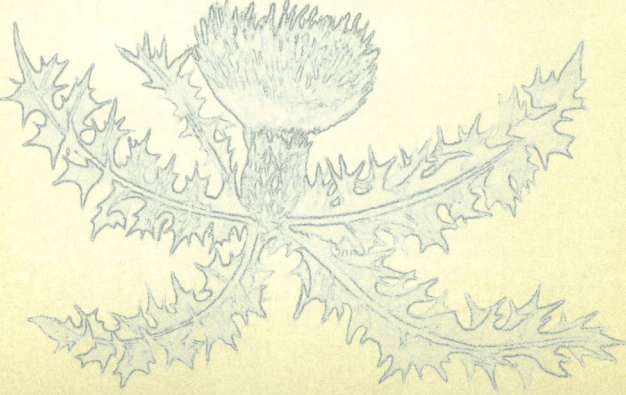

EICHE

Gastfreundschaft – Offenheit – Verständnis

Eiche ist die Karte der Gastfreundschaft. Mit anderen Worten: Party ist angesagt! Lade ein paar – oder mehr ... – Freunde ein, geh aus, sieh dir den neuesten Film im Kino an (und zwar nicht im Heimkino ...). Kurz: Habe Spaß am Leben. Du wirst in nächster Zeit sehr kontaktfreudig sein und Freude daran haben, mit anderen Menschen zu reden und neue Freunde kennen zu lernen. Dabei findest du immer genau den richtigen Ton und kommst sehr gut an. Die Leute fühlen sich wohl mit dir und vertrauen dir vielleicht auch ein Geheimnis an.

Gedreht: Machst du Winterschlaf? Oder worauf kann man dein gesteigertes Bedürfnis zurückführen, dich von allen sozialen Aktivitäten abzukapseln? Oder anders gefragt: Was brütest du aus? Etwas ist geschehen, was du ganz genau überdenken musst. Du hast das Gefühl, aus der Bahn geworfen zu sein. Nun brauchst du Zeit, dich neu zu orientieren. Darauf hast du natürlich ein Anrecht. Aber denke auch daran, dass eine Freundin dir möglicherweise helfen kann, die Dinge schneller wieder klar zu sehen.

ESCHE

Perspektiven – Arroganz

Du siehst alles in einem neuen Licht. Etwas ist geschehen, das sehr wichtig für dich war und deine Sicht der Dinge entscheidend beeinflusst hat. Du hast das Gefühl, alles müsste nun neu beurteilt werden und du könntest deine Entscheidungen nicht mehr von den bekannten Voraussetzungen ausgehend treffen. Die alte Sicherheit ist dahin. Es gibt sehr wenig Dinge, die unsere Weltsicht komplett in Frage stellen können wie der Tod oder tatsächlich erlebte Grausamkeit. Daher versuche erst einmal, dieses wichtige Ereignis in dein Leben, so wie es ist, zu integrieren. Vielleicht kann es ihm vor allem den entscheidenden positiven Impuls geben, auf den du schon so lange gewartet hast.

Gedreht: Je höher du aufsteigst, desto tiefer kannst du fallen! Werde nicht arrogant, auch wenn alles super für dich läuft und deine Freunde dich anhimmeln. Überlege dir vor allem, ob du tatsächlich möchtest, dass deine Freunde dich auf ein Podest heben. Freundschaft sollte ein Geben und Nehmen sein. Du hast zwar Respekt verdient, aber deine Freunde ebenso! Du solltest ihnen zugestehen, dass auch sie einmal eine Zeit lang im Mittelpunkt stehen wollen. Es könnte nicht schaden, den Ball solange flach zu halten.

Estragon

Selbstkritik – Unsicherheit – Unentschiedenheit

Du stellst dich ungern selbst in Frage. Obwohl du in letzter Zeit mehrfach gemerkt hast, dass deine Umwelt ein anderes Bild von dir hat als du selber, korrigierst du deine Selbsteinschätzung nicht. Vielleicht hast du Recht, wenn du dich nicht erschüttern lässt und deinen Weg weitergehst, ohne ihn einmal von verschiedenen Seiten zu beleuchten. Vielleicht verrennst du dich aber auch in etwas und trägst diese Fehleinschätzung mit Arroganz nach außen. Das kann dir nur schaden. Denke einmal darüber nach, ob die Kritik an dir nicht manchmal berechtigt ist. Am besten setzt du dich mit jemandem zusammen, der es gut mir dir meint und der keine Eigeninteressen vertritt, und sprichst einmal ganz offen darüber. Versuche, so vorurteilsfrei wie möglich zu sein. Selbstkritik kann dich nur noch stärker machen.

Gedreht: Du schaffst es nicht, dich endgültig für eine von zwei – oder mehreren ... – Möglichkeiten zu entscheiden. Du befragst alles und jeden, hörst auf jeden Ratschlag, änderst deine Meinung stündlich. Nur eines machst du nicht: auf deine eigene innere Stimme zu hören, ihr zu vertrauen und dann einfach deinen Weg zu gehen. Es gibt keine Garantie! Auch jeder, der dir einen gut gemeinten Ratschlag gibt, kann dir diese Sicherheit nicht geben. Lass dir Zeit und ziehe dich für eine Weile in einen ruhigen Raum ohne Ablenkung zurück. Denke an deine Frage oder an dein Problem und lass dann die Gedanken einfach fließen. Achte dabei genau darauf, wie und was du fühlst. Du wirst sehen, deine innere Stimme wird dich ganz von alleine zu der Entscheidung führen, mit der du dich am wohlsten fühlst. Nimm deinen ganzen Mut zusammen und stehe zu dem, was dein Innerstes dir sagt.

FENCHEL

Schutz – Enttäuschung

Die Fenchelkarte hat eine ganz eindeutige Aussage: Schutz! Das bedeutet: Pass auf dich auf. Achte genau auf die Sprache deines Körpers, auf deine Gesundheit und dein Wohlbefinden. Ernähre dich gesund. Schlafe viel. Nimm dir viel Zeit für dich selber und tu genau das, was dir Spaß macht. Das kann wichtig sein, wenn der Ärger hinter der nächsten Tür wartet. Das kann ein Streit mit der Freundin oder mit den Eltern sein. Oder eine schlechte Note (mit der du nicht gerechnet hast ...) oder ein lang geplantes Ereignis fällt ins Wasser. Aber keine Sorge, der Sturm kann heftig sein, er wird aber auch kurz sein.

Gedreht: Du solltest deine Schwächen gefasst ins Auge sehen und mit ihnen leben lernen. Erst so kannst du mit den kommenden Problemen umgehen. Es kann sich einfach um schlechte Angewohnheiten handeln, die sich wieder melden, obgleich du dachtest, du wärst sie los. Du musst sie einfach immer wieder entschlossen angehen, um dann die richtigen Probleme in Angriff nehmen zu können.

Haselnuss

Ungerechtigkeit – Empörung – Versöhnung

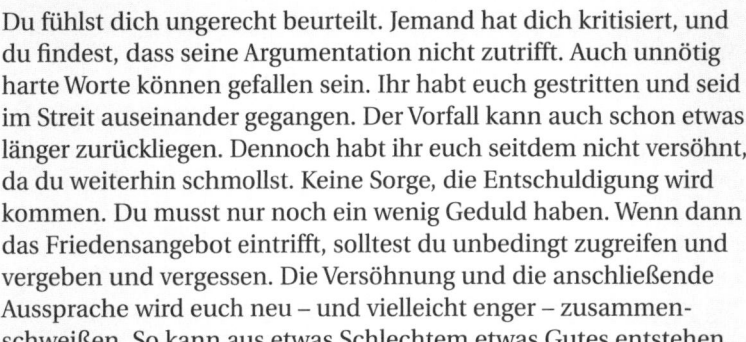

Du fühlst dich ungerecht beurteilt. Jemand hat dich kritisiert, und du findest, dass seine Argumentation nicht zutrifft. Auch unnötig harte Worte können gefallen sein. Ihr habt euch gestritten und seid im Streit auseinander gegangen. Der Vorfall kann auch schon etwas länger zurückliegen. Dennoch habt ihr euch seitdem nicht versöhnt, da du weiterhin schmollst. Keine Sorge, die Entschuldigung wird kommen. Du musst nur noch ein wenig Geduld haben. Wenn dann das Friedensangebot eintrifft, solltest du unbedingt zugreifen und vergeben und vergessen. Die Versöhnung und die anschließende Aussprache wird euch neu – und vielleicht enger – zusammenschweißen. So kann aus etwas Schlechtem etwas Gutes entstehen.

Gedreht: Eine verfahrene Situation wird noch schlimmer. Du trittst von einem Fettnäpfchen ins andere. Selbst wenn du eine Lösung oder eine Versöhnung wolltest, es scheint so, als arbeiteten die Umstände gegen dich. Jedes Wort wird dir im Munde herum gedreht und Missverständnisse sind an der Tagesordnung. Vielleicht gehst du zu verkrampft an die Sache heran, gerade weil eine Lösung dir sehr am Herzen liegt und Emotionen verständlicherweise eine große Rolle spielen. Am besten, du lässt erst einmal ein wenig locker. Auch die Phase geht vorbei. Halte einfach den Mund. Und höre auf dein Herz. Dann wirst du einen Weg finden, auf dem auch andere dir folgen wollen.

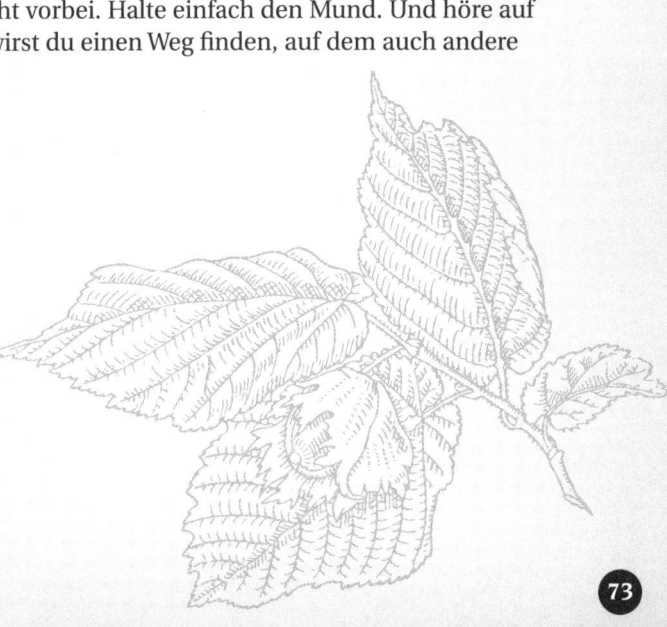

HOLUNDER

Kommunikation – Egozentrik

Du kannst sehr gut auf andere eingehen. Deine kommunikativen Fähigkeiten sind sehr stark oder entwickeln sich in der nächsten Zeit verstärkt. Du hast Zugang zu anderen Menschen und kannst dich gut in sie einfühlen. Du verstehst ihre Sorgen und Nöte. Deine eigenen Freundschaften und Beziehungen profitieren davon, da ihr plötzlich sehr viel besser über Dinge reden könnt, die euch beiden wichtig sind. Ihr seid offener miteinander. Vielleicht entdeckst du ja auch den Wunsch in dir, in einer gemeinnützigen Einrichtung mitzuarbeiten, nach der Schule in einem Altersheim Besuche zu machen oder jüngeren Schülern bei den Hausaufgaben zu helfen.

Gedreht: In dieser Position weist die Karte auf einen Mangel an Verständnis für eine bestimmte Situation hin. Es kann auch sein, dass du regelrecht wütend bist. Diese Wut hat dazu geführt, dass du dich von dieser Person entfernt hast. Doch solltest du darüber nachdenken, wie es so weit kommen konnte. Versuche, deine Wut bei deinen Überlegungen außen vor zu lassen. Vielleicht basiert dein Urteil ja auf falschen Tatsachen oder auf Gerüchten, die du, ohne sie zu prüfen, geglaubt hast. Und selbst wenn du 100-prozentig im Recht warst (was allerdings selten der Fall sein dürfte, die Realität ist nicht so), dann vergib ganz einfach. Und tu den ersten Schritt, wenn dir der Mensch wichtig ist.

Jasmin

Vergangenheit und Gegenwart – Bindung

Du hast mit alten Problemen noch nicht vollends abgeschlossen. Es ist etwas Ungelöstes in deiner Vergangenheit, das dich so lange in der Gegenwart blockiert, wie du es nicht in Angriff nimmst. Das kann ein Streit sein, der noch schwelt. Oder eine Enttäuschung, über die du zu schnell hinweg gegangen bist und nicht wirklich ernst genommen hast. Du fühlst dich angespannt und verkrampft und kannst nicht wirklich optimistisch in die Zukunft schauen. Bevor du eine Entscheidung triffst, musst du erst einmal das alte, ungelöste Problem hervorkramen und zu einem Ende führen. Du wirst sehen, es werden sich anschließend ganz neue Möglichkeiten für dich auftun.

Gedreht: Du gehst sehr schnell von einem Projekt zum anderen. Dabei achtest du wenig darauf, alte Verbindungen und Freundschaften zu pflegen. Tabula rasa – was zählt, ist die Gegenwart. Und dabei wunderst du dich, wenn es bei dir manchmal zu Gefühlsausbrüchen kommt, die du dir nicht erklären kannst. Denn die Vergangenheit und die Erfahrungen, die wir gemacht haben, haben eben doch einen sehr großen Einfluss auf unsere Reaktionen heute. Und alte Freunde streift man nicht ab wie ein altes Hemd und macht sie damit zum Mittel zum Zweck. Auch wenn ihr nicht mehr die gleichen Hobbys oder Freunde habt – sie glauben an dich und haben dich gern. Das allein zählt. Ohne Freunde fehlt dir die Geborgenheit, die du dringend benötigst.

KAMILLE

Ruhe – Rückzug – Abstand

Die Kamille ist ein Sinnbild für Ruhe und Schlaf. Wenn du dich überfordert fühlst und den Eindruck hast, dass alle von allen Seiten an dir zerren, dann ist jetzt die richtige Zeit, um dich zurückzuziehen. Lass dich nicht zu einer Entscheidung drängen, von nichts und niemandem! Die Kamille verkörpert aber auch Energie, und zwar die Sorte Energie, die aus einer Ruhephase erwächst. Diese Energie kann dir dann helfen, ein ganz konkretes Projekt zu verwirklichen. Oft handelt es sich um etwas Kreatives. Wenn du gerne schreibst, malst oder Musik machst, solltest du dich in der nächsten Zeit verstärkt darauf konzentrieren.

Gedreht: Du hast das Gefühl, du verrennst dich und siehst den Wald vor lauter Bäumen nicht. Du solltest Abstand gewinnen, dir eine Auszeit nehmen und deinen Blick wieder für alle dir zur Verfügung stehenden Möglichkeiten öffnen. Und das sind ganz sicher einige! Das Problem liegt in dir, wenn du dich selbst zensierst und dir nicht erlaubst, auch an solche Optionen zu denken, die eigentlich „gar nicht zu dir passen". Vielleicht hast du dich weiter entwickelt? Vielleicht passt dein Bild von dir selber nicht mehr? Probier einfach einmal etwas aus!

KASTANIE

Genuss – Oberflächlichkeit – Materialismus

Ein bisschen Luxus hat noch keinem geschadet. Entweder wird dir ganz überraschend ein tolles Geschenk gemacht. Oder du wirst von der Karte aufgefordert, dich selbst einmal richtig zu verwöhnen. Probier einmal ein richtig aufwändiges Kochrezept aus, kauf dir die Gesichtscreme, die du immer schon haben wolltest, oder leg dich mit Pralinen und einem spannenden Krimi ins Bett und lass den Tag so richtig dekadent angehen. Auch wenn du nicht viel Geld hast, wirst du Dinge finden, die dir so richtig gut tun: Ein heißes, duftendes Bad, Blumen in deinem Zimmer, ins Gras legen und Walkman hören etc. Auch die Seele braucht manchmal eine Auszeit.

Gedreht: Die gedrehte Kastanie fordert dich auf, materiellen Dingen nicht zu viel Bedeutung zuzumessen. Du wirst tief in deinem Inneren wissen, dass nur innere Werte zählen. Aber dennoch, im Alltag scheint eben doch zu oft der schicke Pullover und die hippe Marke wichtiger zu sein. Trotzdem lass dir gesagt sein: Nicht der hat die Nase vorne, der die besten Dinge besitzt, sondern dem es gelingt, sich in unserer heutigen Welt den Blick auf die wahren Werte nicht verstellen zu lassen: Freunde, Familie, Bildung, Liebe und Treue. Und vieles mehr, was jeder für sich persönlich definieren kann. Und genau das solltest du in der nächsten Zeit tun.

KORIANDER

Routine – Ausbruch – Spaß, Spaß, Spaß …

Dein Leben ist seit langem ein wenig langweilig und eintönig? Du hast genug von der Routine und willst einfach mal wieder ein bisschen Spaß haben? Diese Karte sagt dir voraus, dass die Langeweile bald ein Ende hat. Sie kündigt keine großen Veränderungen an, die dein ganzes Leben umkrempeln, sondern fordert dich auf, alles ein wenig leichter zu nehmen. Geh mit der nötigen Portion Humor auch an ärgerliche und nervende Sachen heran! Das Leben ist zu kurz und du bist zu jung, um bei jeder Tat ständig die möglichen Konsequenzen mit zu bedenken. Handle spontan und lass dich auf Neues ein.

Gedreht: Wenn der Koriander in der gedrehten Position erscheint, dann sagt er etwas völlig anderes als in der aufrechten: Spaß ist nicht alles im Leben. Du nimmst alles viel zu leicht und bedenkst nicht oft genug, dass aus einer unüberlegten Handlung auch schwerwiegende Konsequenzen erwachsen können. Gar nicht schön ist diese Haltung für deine Freunde. Kann es sein, dass du über ihre Bedenken und Einwände oftmals allzu schnell hinweg gehst? Bevor du das nächste Mal eine Entscheidung triffst, versuche, darüber nachzudenken, ob die Folgen deiner Wahl nicht auch andere betreffen können. Und wie die sich damit fühlen werden, darf dir nicht gleichgültig sein.

Lavendel

Hilfe – Unterstützung – Vertrauen

Du kannst für jemand anderen in der nächsten Zeit sehr wichtig werden. Achte darauf, ob sich jemand in deiner Nähe mit einer Bitte an dich wendet oder deine Hilfe braucht. Man vertraut dir. Achte darauf, dass du dieses Vertrauen nicht enttäuschst. Versuche, genau hinzuhören. Oft versteckt sich das eigentliche Problem hinter einer sehr konstruierten Geschichte und muss erst noch zu Tage befördert werden, damit ihr gemeinsam eine Lösung suchen – und finden – könnt.

Gedreht: Du hast das Gefühl, du bist allein und einsam auf weiter Flur. Keiner nimmt dich ernst, keiner interessiert sich so für deine Probleme, wie du es erwartest. Deine Stimme geht im allgemeinen Krakeelen unter. Vielleicht bist du ja auch von vielen Menschen umgeben, unternimmst viel mit deinen Freunden und gehst auf Partys. Und dennoch – innerlich fühlst du dich klein und verlassen. In dieser Stimmung solltest du keine wichtigen Entscheidungen treffen. Diese Karte warnt dich, diesen Zustand weiter laufen zu lassen und einfach zu akzeptieren. Du musst dir Gehör verschaffen. Mach den Leuten klar, wie ernst es dir ist und dass es sich um für dich wichtige und entscheidende Probleme handelt. Du hast ein Recht darauf, dass sie das anerkennen – selbst dann, wenn sie es nicht nachvollziehen können.

LORBEER

Erfolg – Ende – Dynamik

Der Lorbeer kündigt an, dass du ein Projekt, an dem du schon lange arbeitest, erfolgreich zum Abschluss bringen wirst. Vielleicht zieht sich dieses Projekt auch schon so lange hin, dass du es fast aufgegeben hast. Dann wirst du eine Überraschung erleben. Es kann sein, dass du schon seit langem in jemanden verliebt bist und ihr einfach nicht zusammenkommen könnt. Die Situation ist mittlerweile so verfahren, dass du nicht mehr damit rechnest, jemals ein Paar zu werden. Dann könnte sich das Blatt in der nächsten Zeit drehen. Oder du trainierst sportlich auf eine Meisterschaft hin, dann hast du sehr gute Chancen, erfolgreich zu sein. Du siehst, diese Karte gibt dir den Kick, den du brauchst!

Gedreht: In dieser Position rät dir der Lorbeer, endlich in die Gänge zu kommen und das Leben nicht allzu phlegmatisch anzugehen. Es sind schon einige sehr schöne Chancen an dir vorbei gegangen, ohne dass du dich aufraffen konntest, sie zu ergreifen. Lass nicht zu, dass dies noch einmal geschieht, denn die nächste Gelegenheit ist vielleicht sehr wichtig für dich! Sei ein wenig wacher und offener dem Leben gegenüber, vergrabe dich nicht in deinen kleinen alltäglichen Routinen.

Majoran

Gute Laune – Lebensmut – Neuanfang

Lass dir die gute Laune nicht verderben! Diese Karte steht für Fröhlichkeit. Wenn du das Leben bereits optimistisch angehst, dann bewahre dir dies in der nächsten Zeit, denn es können einige kleine Prüfungen auf dich zukommen, die dich vielleicht runterziehen werden. Es kann aber auch sehr gut sein, dass du gerade in einer Phase der Traurigkeit bist, weil du dich von deinem Freund getrennt hast, dich mit deiner besten Freundin auseinander lebst oder ganz einfach so ... Dann kannst du dich schon freuen, denn der Majoran sagt neuen Lebensmut voraus. Du wirst wieder Licht am Ende des Tunnels sehen und von neuem Spaß an den schönen Dingen des Lebens haben.

Gedreht: Du ziehst dich zurück und versuchst, alleine eine Lösung zu finden. Es kann sogar sein, dass du gar keinen Ausweg suchst, sondern alles gottergeben hinnimmst. Die Opferrolle steht keinem! Denkst du, dass deine Freunde und Familie dein Problem nicht verstehen werden? Traust du ihnen nicht, dich zu verstehen und dir zu helfen? Vielleicht ist tatsächlich bisher immer als schief gelaufen und du hast den Kürzeren gezogen. Oder du hast tatsächlich niemanden gefunden, der sich ernsthaft mit dir auseinander gesetzt hat. Trotzdem – diese Karte warnt dich, alles alleine mit dir auszumachen. Du brauchst andere Menschen. No man is an island! Für Hexen gilt dies umso mehr. Denn – falls du dich erinnerst – alles steht in Beziehung miteinander und eine Energiewelle stößt die andere an. So entsteht erst Veränderung. Aus dieser Dynamik kannst und darfst du dich nicht selber ausschließen.

MELISSE

Mitgefühl – Achtsamkeit

Die Karte des Mitgefühls! Sie sagt dir, dass jemand in deinem Umfeld dringend positives Feed-back braucht. Er fühlt sich verletzt und verloren und benötigt dringend jemanden, der sich für seine Sorgen interessiert. Vielleicht bist du es ja, die ihn verletzt hat? Bist du eventuell in letzter Zeit hart mit deinen Urteilen gewesen? Oder hast nicht auf deine Wortwahl geachtet und damit jemanden gekränkt, wenn auch unabsichtlich? Die Melisse fordert dich auf, mehr auf deine Umgebung und ihre Bedürfnisse zu achten und dich nicht wie der Elefant im Porzellanladen aufzuführen. Da wir Hexen uns sehr für Natur interessieren und mit allen Mitteln versuchen, sie zu schützen, kann es auch sein, dass diese Karte dir sagt, dass du allzu oft nicht achtsam warst. Hast du Chipstüten in Parks entsorgt? Unnötig viel Wasser verbraucht? Energie verschwendet? Diese Dinge sind wichtig, wenn du im Einklang mit der Natur leben willst!

Gedreht: Habe keine Angst, jemandem zu helfen, auch wenn sich das negativ auf dein Image auswirken könnte. Ein mitfühlendes Herz ist keine Schwäche, auch wenn es nicht immer unbedingt „cool" ist. Du zögerst vielleicht, dich für Schwächere und Freaks einzusetzen? Das solltest du nicht. Es wird nicht nur dem helfen, dem du die Hand gereicht hast, es wird auch dich verändern. Denke bei einer Entscheidung nicht nur an dich, denke auch daran, ob du anderen damit helfen kannst oder sich diese Entscheidung negativ für sie auswirken kann. Auch – und gerade – wenn diese Menschen nicht zu deinem engsten Freundeskreis gehören.

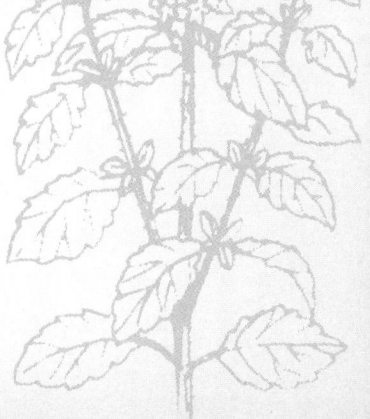

MINZE

Stärke – Selbstwertgefühl

Du hast das nötige Selbstwertgefühl, um den anstehenden Veränderungen ins Auge zu sehen. Du wirst in dieser Veränderung keine Gefahr, sondern eine Chance sehen. Es werden sich dir neue Möglichkeiten auftun, und du wirst die innere Stärke besitzen, sie zu erkennen und auch zu nutzen. Auch wenn du bisher glaubtest, eine bestimmte Sache unmöglich ändern zu können, solltest du sie gerade jetzt angehen. Aber achte darauf, dass du dich nicht verzettelst, sondern konzentriere dich auf diese eine Sache, die dir besonders wichtig ist.

Gedreht: Vorsicht, der Schein kann trügen! Schau dir noch einmal ganz genau deine Motive an. Machst du dir auch wirklich nichts vor? Es kann sein, dass dein Weg in eine völlig falsche Richtung führt, deshalb solltest du alles noch einmal ganz ehrlich und genau prüfen. Denke auch an die Motive anderer. Sind sie ehrlich zu dir? Geben sie dir wirklich einen realistischen Rat? Oder reden sie dir nur nach dem Mund? Sieh den Tatsachen ins Auge.

MISTEL

Liebesbeziehung – Romantik

Die Mistel ist eine Karte, über die sich die meisten freuen, die das Schattenorakel befragen, denn sie kündigt eine neue Beziehung an. Diese Beziehung ist sehr leidenschaftlich und warm und wird in deinem Leben eine große Rolle spielen. Wenn du schon in einer Beziehung bist, dann wird sich hier noch einmal etwas tun. Eure Partnerschaft wird noch einmal einen neuen romantischen Kick bekommen, und eure Bindung wird sich festigen. Die Mistel sagt dir auch, dass einige technische Probleme, die sich in letzter Zeit gehäuft haben (Auto kaputt?, Stereoanlage lahm gelegt?), bald gelöst werden. Wie auch immer ...

Gedreht: So sehr jeder die Mistel in aufrechter Position begrüßt, so ungern bekommt man diese Orakelkarte in gedrehter Position gelegt. Sie verheißt nichts Gutes für die Liebe. Romantische Gefühle verlieren sich, Routine stellt sich ein. Wenn du ehrlich bist, ist es dir fast schon gleichgültig, was aus der ganzen Beziehung wird. Doch du bist immer noch traurig darüber und kannst die Entwicklung nicht kalt sehen. Gehe nicht vorschnell vor! Die Kommunikation zwischen euch scheint unterbrochen, ihr müsst sie unbedingt wieder etablieren. Und dabei solltest du den ersten Schritt tun. Denn vielleicht verlierst du etwas sehr Wertvolles, wenn du euch beide einfach so aufgibst!

Darüber hinaus (als wenn dies nicht genug wäre ...) kündigt die gedrehte Mistel viele technische Probleme an. Eine Panne reiht sich an die andere. Nimm es mit Gelassenheit, auch diese Pechsträhne wird vorüber gehen.

Moos

Jemand tritt in dein Leben, der deine Führung braucht. Dieser jemand kann auch bereits Teil deines Lebens sein, aber zurzeit einer Person bedürfen, die ihn in neue Lebensbereiche einführt. Das klingt kompliziert, bedeutet aber nichts anderes, als dass du jemandem unter die Arme greifen musst. Das kann die neue Mitschülerin in deiner Klasse sein, die noch keinen kennt und sich verloren fühlt. Oder deine Freundin, die aus Unsicherheit mit dem Rauchen angefangen hat und der du in deiner Eigenschaft als Freundin ganz offen sagen musst, dass dies nicht die Lösung und schlichtweg dämlich ist. Auch wenn dies eventuell eure Freundschaft vorübergehend auf die Probe stellt. Oder es ist dein neuer Freund, für den es immer noch schwer ist, euch als „Paar" zu sehen und dem du einfach ein bisschen dabei helfen musst. Mädchen sind ja immer etwas reifer ☺. Wenn du für dich selber oder für eine andere Hexe das Orakel befragst, dann kann die Moos-Karte bedeuten, dass sich jemand für die Kunst des Hexens interessiert und du ihn unter deine Fittiche nehmen solltest. So bekommst du eine Schülerin.

Gedreht: Du fühlst dich, als müsste dich jemand mal ans Händchen nehmen. Schon lange hast du dich erwachsen gefühlt, aber zurzeit bricht die Schutzmauer rund um dich zusammen, alles scheint schief zu laufen, und du sehnst dich zurück auf Mamis Schoß? Dann halte dir vor Augen, dass es allen so geht. Auch du wirst dich in deinem Leben noch oft so fühlen. Aber anschließend wird wieder eine Lebensphase kommen, in der du nicht verstehen kannst, wie du dich so schutzlos fühlen konntest. Keiner wird jemals so ganz erwachsen.

Die gedrehte Moos-Karte kann auch darauf hinweisen, dass du dich im Moment kindisch und naiv aufführst und damit deinem Umfeld auf die Nerven gehst. Kann es sein, dass du deine Launen ein wenig zu wichtig nimmst? Wirf einmal einen kritischen Blick auf dein derzeitiges Verhalten.

NELKE

Bewunderung – Anerkennung

Die Nelke ist die Pflanze der Bewunderung, der Anerkennung. Sie ist ein Spiegel der Art, wie die anderen dich wahrnehmen. In der aufrechten Position heißt das also, dass dich jemand anhimmelt. Vielleicht bist du dir dessen gar nicht bewusst oder kennst den heimlichen Bewunderer noch nicht. Aber ein gutes Gefühl ist es sicher. Halte einmal die Augen offen – vielleicht handelt es sich ja um die Liebe deines Lebens!

Gedreht: In dieser Position kann diese Karte heißen, dass jemand aus deinem Umfeld nicht gutheißt, was du gerade vorhast, und der- oder diejenige droht, die Freundschaft oder Zuneigung zu kündigen. Dies kann gut für dich sein, weil diese Person dich eventuell zu Unrecht einengen möchte. Es kann aber auch schlecht sein, wenn dir viel an der Person liegt und du sie nicht verlieren möchtest. Ob gut oder schlecht – nur du kannst es wissen.

Oregano

Kraft – Power – Dynamik – Dominanz

Das Leben kann kommen. Schneller geht es kaum noch. Du fühlst dich kraftvoll und voller Energie, als wenn nichts schief gehen könnte. Und wenn … dann wirst du damit auch noch fertig. Eine tolle Karte! Diese Zeit solltest du so gut wie möglich ausnutzen, um all das zu klären, was dir wichtig ist. Darüber hinaus ist jetzt die Zeit, um neue Projekte zu beginnen. Denn die nächste Tiefphase kommt bestimmt! Das Leben verläuft in Zyklen, als Hexe solltest du dies wissen. Wenn du lernst, mit diesen Zyklen zu leben, ist der Fall von Hoch- in Tiefphasen nicht allzu heftig und du kannst auch in einer stimmungsmäßigen Flaute produktiv sein.

Diese Karte warnt dich darüber hinaus, in deiner Hochphase deine Freunde mit deiner Power nicht zu überfahren! Wenn du allzu dominant auftrittst, wird das keinem gefallen. Du solltest sie eher mitziehen und so von deiner Kraft profitieren lassen.

Gedreht: Du fühlst dich ausgepowert und kraftlos. Wenn du etwas beginnst, dann schon mit dem Gedanken: Das schaffe ich ja doch nicht. Das kann bei mir gar nicht klappen. Wenn du eine Hexe bist oder für eine Hexe das Orakel befragst, denn gelingt dir schon seit langem kein Zauber mehr und die Rituale haben an Kraft verloren. Du kannst dich nicht mehr so konzentrieren, wie es die Zauber erfordern. Wenn man sich schwach fühlt, hat das seinen Grund. Vielleicht bist du krank oder brütest eine Krankheit aus. Oder du machst dir über etwas so sehr Sorgen, dass du keine Kraft mehr für deine eigenen Belange hast. Oder aber – und das ist sehr schwer herauszufinden – es gibt in deinem Umfeld jemanden, der dich so stark in Anspruch nimmt, ohne dass du es merkst, dass du keine Energiereserven mehr hast. Eventuell untergräbt dieser jemand dein Selbstbewusstsein mit abwertenden Sprüchen. Prüfe alle diese Möglichkeiten gewissenhaft. Denn dauerhaft solltest du nicht ohne deine Kraft leben!

PAPPEL

Vergänglichkeit – Ende und Beginn

Die Pappel weist dich darauf hin, auf die Zeit zu achten. Denn diese neigt dazu, schnell zu verstreichen – so schnell, dass du etwas verpassen oder unvorbereitet in eine Situation hineinrutschen könntest. Das kann bedeuten, dass bald eine wichtige Klassenarbeit ansteht und du alles andere als gut vorbereitet bist. Oder du hast jemandem versprochen, ihm bei einem Projekt zu helfen, und nun hat dieser jemand die Arbeit alleine getan, ohne dass du dich hättest blicken lassen.

Es kann aber auch bedeuten, dass ein Zyklus zu Ende geht und du von einem Zustand in den anderen übergehst. Fühlst du dich in letzter Zeit ein bisschen reifer als deine Freunde? Findest du manches einfach kindisch und naiv? Dann wirst du auch bald in anderen Lebensbereichen Veränderungen feststellen.

Gedreht: In gedrehter Position kündigt die Pappel den Beginn einer langen Reise an. Diese Reise ist im übertragenen Sinne gemeint, also der Start eines Projektes, einer spirituellen Entwicklung oder der Beginn einer wichtigen Liebesbeziehung. Zu Beginn kann das deine Gefühle ganz schön durcheinander wirbeln und deine eigentlichen Pläne über den Haufen werfen. Aber schon bald wirst du wieder klare Sicht bekommen und ganz genau wissen, welche Entscheidungen zu treffen sind. Wenn du eine junge Hexe bist, kann die Pappel dir sagen, dass du auf diesem Weg bleiben sollst, denn du hast Talent und eine besondere Verbindung zu deiner magischen Energie.

PETERSILIE

Eine sehr gesellige Phase steht dir bevor. Du wirst auf Partys gehen, alte Freunde treffen und neue Menschen kennen lernen. Entspanne dich und freue dich deines Lebens. Man muss nicht immer in allem den tieferen Sinn suchen. Die Seele braucht auch einmal eine Leerlaufphase. Eventuell folgt diese Phase auch auf eine große Anstrengung und Konzentration. Dann solltest du jetzt ohnehin nichts erzwingen wollen. Versuche, keine Probleme zu bewältigen, deren Lösungen sich dir nicht von ganz allein präsentieren.

Gedreht: Du isst zu viel – wahrscheinlich weil du nervös und unruhig bist. Achte jetzt besonders auf deine Gesundheit! Du hast dich von Freunden oder Familienmitgliedern, die dir sehr wichtig sind, entfernt. Eigentlich gegen deinen Willen, aber ein Missverständnis ist zum anderen gekommen, und schon scheint der Abstand unüberbrückbar. Es müssen auch nicht unbedingt Missverständnisse sein, es kann sich auch um einfache Unachtsamkeit handeln. Du solltest die Brücken keineswegs ganz abbrechen, auch wenn das Zugeständnisse von deiner Seite erfordert. Versuche, über deinen Schatten zu springen. Ständig schwelende Zwistigkeiten höhlen dich aus.

RINGELBLUME

Emotionen – Chaos – Ausgeglichenheit

Nichts wird so heiß gegessen, wie es gekocht wird. Dieser Sinnspruch gilt ganz besonders für die Karte der Ringelblume. Du bist durch etwas sehr aufgewühlt (Streit, neue Liebe, eventuell auch ein ständiges Gefühl von Ausweglosigkeit) und willst sofort eine Lösung. Dabei scheint es dir egal zu sein, ob diese Lösung klug oder angemessen ist. Hauptsache, es passiert etwas. Beruhige dich erst einmal und versuche, etwas Abstand zu gewinnen. Gerade jetzt ist es wichtig, wieder einen klaren Blick zu bekommen. Entweder du bekommst die Lage alleine in den Griff, dann nimm dir die Zeit, die du brauchst, oder du suchst dir jemanden, mit dem du alles in aller Ausführlichkeit besprechen kannst und der auch die notwendige Lebenserfahrung mitbringt, um dich beraten zu können.

Gedreht: Alles um dich herum ist in Panik, du aber bleibst ruhig. Das formuliert die Situation vielleicht ein wenig überspitzt, trifft es aber auf den Punkt. Du wirst bei den kommenden Problemen einen kühlen Kopf bewahren und deinem Umfeld eine Stütze sein. Eventuell wirst du auch einer völlig aufgelösten Freundin helfen können, wieder auf den Boden der Tatsachen zu kommen. Manchmal solltest du dich allerdings fragen, ob du alle Komponenten der Situation voll erfasst. So viel Ruhe und Ausgeglichenheit kann auch auf eine gewisse Blauäugigkeit hindeuten.

ROSE

Liebe – Feuer – Leidenschaft

Die Rose ist die Karte der Liebe, das weißt du sicher von anderen
Zauberritualen. In der aufrechten Position heißt das, dass es bei dir
bald richtig knallen kann ... im Guten wie im Schlechten! Du kannst
die große Liebe deines Lebens finden. Der Beginn wird nicht sanft
und langsam sein, sondern heftig und leidenschaftlich. Pass auf,
dass du dich nicht im heftigen Gefühlstrubel verlierst! Man sollte
nie alles aufgeben, auch wenn man noch so verknallt ist.

Gedreht: Du bist heftig in jemanden verliebt und deine Gefühle
werden nicht erwidert? Das ist schlimm und kann ganz schön am
Selbstwertgefühl nagen. Aber es kann auch jedem passieren und
wird jedem mindestens einmal im Leben widerfahren. Achte auf
dich selber, versuche, dich abzulenken und möglichst viel mit deinen Freunden zu unternehmen. Die sind in einer solchen Situation
wichtiger denn je. Diese Karte kann aber auch bedeuten, dass es
seit langer Zeit eine Flaute in deinem Liebesleben gibt und du dich
nach Liebe und Leidenschaft sehnst. Achtung! Du solltest nicht
wahllos nach irgendeiner Schwärmerei suchen. Der Richtige kommt
bestimmt, auch wenn es etwas länger dauert.

ROSMARIN

Zweisamkeit – Reinigung

Rosmarin ist die Karte der Zweisamkeit. Sie kann auf eine festere Bindung zwischen dir und deiner besten Freundin hindeuten. Vielleicht vertraut ihr euch ein Geheimnis an, das bisher unausgesprochen zwischen euch stand. Oder geht in der nächsten Zeit offener miteinander um und redet über Dinge, die ihr bisher für euch behalten habt. Der Rosmarin kündigt ebenfalls an, dass ein Streit mit einem sehr lieben Menschen bereinigt wird. Eventuell bekommt auch die Beziehung zu deinem Freund eine neue Qualität, und ihr geht von der rein romantischen Beziehung in eine gleichzeitige Freundschaft über. Du wirst fühlen, dass du jemandem mehr vertrauen kannst als zuvor.

Gedreht: Zum einen könnte der Rosmarin in der gedrehten Position dir sagen, dass du zu viel „Party machst". Geselligkeit ist gut, aber wenn du es übertreibst, kann es passieren, dass deine innere Kraft schwindet. In diesem Falle wirst du Schwierigkeiten haben, dich zu konzentrieren oder deine Aufmerksamkeit auf Wesentliches zu lenken. Hexen wissen, dass sie sich immer wieder selbst finden müssen. Dazu gehört auch, ein wenig Zeit alleine zu verbringen und sich mit spirituellen Dingen zu beschäftigen. Nur so kann sich deine magische Energie voll entfalten.

SALBEI

Ordnung – Sicherheit

Du hast ein großes Bedürfnis nach Ordnung. Du willst, dass alles nett und ordentlich aussieht. Alle sollen sich in deiner Anwesenheit wohl fühlen. Du möchtest das nach außen ausstrahlen, was du auch innerlich empfindest. Alles findet langsam seinen Platz. Du fühlst dich wohl in deiner Haut und möchtest am liebsten, dass sich überhaupt nichts verändert. Wenn du Ordnung mit Sicherheit gleichsetzt, könntest du dich täuschen. Schon morgen kann ein großer Wirbelsturm dir deine festen Pläne durcheinander wirbeln. Wenn du allerdings die innere Ordnung für eine gute Basis hältst, dem, was kommt, gefasst entgegenzusehen, dann hast du Recht. Du weißt, wo du stehst. Alles andere wird sich finden. Andere werden dieses neue Selbstbewusstsein als sehr angenehm empfinden und sich gerne in deiner Nähe aufhalten.

Gedreht: Der Salbei in dieser Position steht für Chaos und Unordnung. Wenn du vielleicht auch nicht gerade ein unordentlicher Typ in Sachen Klamotten und anderer Gegenstände bist, so bist du doch ganz sicher jemand, der in der Vergangenheit Probleme zu oft aus dem Weg gegangen ist. Du hast den einfachen Weg vorgezogen. Dadurch wurde alles nur viel schwieriger und verworrener, bis schließlich weder du noch deine Umgebung einen Ausweg gefunden haben. Mach einfach mal einen Frühjahrsputz. Und das ist nicht nur innerlich gemeint. Auch das äußere Chaos hat einen Einfluss auf uns, und zwar einen negativen. Deswegen bring deine Sachen in Ordnung, räume dein Zimmer auf, flicke den Fahrradreifen, der schon seit Wochen keine Luft mehr hat. Von jetzt an solltest du keine Ausreden mehr finden, die deine Faulheit rechtfertigen.

SCHAFGARBE

Ziellosigkeit – Neuorientierung

Du fragst ... und weißt selber nicht recht, was genau deiner Frage an das Orakel zugrunde liegt. Du hast diese Angelegenheit einfach schon mit zu vielen verschiedenen Menschen besprochen, und alle haben sie dir unterschiedliche Ratschläge gegeben. Nun sitzt du da mit diesen Widersprüchen und bist verwirrter als vorher. Das Orakel kann keine Entscheidung für dich treffen. Du musst noch einmal ganz von vorne beginnen. Gehe tief in dich, versuche herauszufinden, was du ursprünglich gefühlt hast. Sprich einmal eine Weile gar nicht darüber, lass die Angelegenheit ruhen. Und konzentriere dich jeden Tag wieder darauf, zu deinen eigenen Gefühlen, zu deiner eigenen Mitte zurückzufinden. Du bist durchaus in der Lage, die Sache selbst zu beurteilen.

Gedreht: Die gedrehte Position deutet darauf hin, dass Verwirrung und Orientierungslosigkeit ein Ende haben. Du hast dich dazu durchringen können, eine definitive Entscheidung zu treffen. Wenn dem noch nicht so ist, dann steht es zumindest unmittelbar bevor. Du wirst dich erleichtert fühlen, auch wenn du weißt, dass es keine Garantie für die Richtigkeit deiner Entscheidung gibt. Das Ergebnis kann gut oder schlecht ausfallen, aber eine Wahl musste getroffen werden und du hast es getan. Bravo!

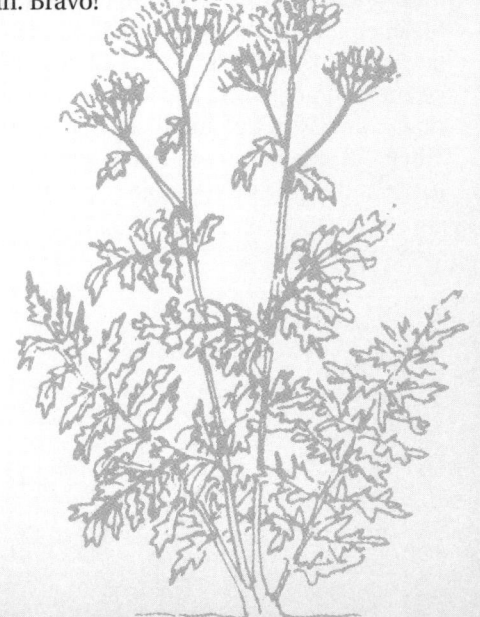

SONNENBLUME

Wärme – Glück – Persönlichkeit

Das Glück ist dir hold. Die Sonnenblume steht für eine starke, helle und warme Ausstrahlung. So einiges, was eigentlich nur schief gehen konnte, weil es schlecht von dir vorbereitet war, gelingt. Du kannst es selber gar nicht glauben, weil du üblicherweise nicht gerade ein Glückspilz bist. In dieser Phase kannst du dich ruhig mal etwas trauen, wozu du sonst zu ängstlich gewesen wärst. Wie wäre es, wenn du heute doch einmal den süßen Jungen ansprichst, mit du schon seit langem liebäugelst? Oder deine alte Flamme zum Kino einlädst, da du ja eigentlich schon bereust, mit ihm Schluss gemacht zu haben. Eine Glückssträhne sollte man ausnutzen.

Gedreht: Die gedrehte Position der Sonnenblume steht nicht für Pech, sondern kündigt eine Zeit des inneren Rückzugs an, eine Zeit, in der du dich verstärkt um deine eigenen Bedürfnisse kümmerst. Eine Art „Kurskorrektur", die dringend notwendig ist. Wie eine Raupe wirst du dich verpuppen und dich mit dir selber beschäftigen. Am Ende wirst du aber wie ein schöner Schmetterling umso stärker und strahlender wieder am geselligen Leben mit Freunden, Schule und Familie teilnehmen. Falls du von deinem Umfeld nicht verstanden wirst, dann erkläre ihnen, dass es dir gut geht, dass du aber eine Auszeit brauchst. Sei einfühlsam dabei, damit sich keiner vor den Kopf gestoßen fühlt.

THYMIAN

Mut

Egal, welche Frage an das Orakel gerichtet wurde, der Fragesteller ist mutig genug, allen Widrigkeiten tapfer ins Auge zu sehen. Du hast keine Angst vor der Wahrheit und wirst sie zu nutzen wissen, um die richtige Antwort auf deine Frage zu finden. Auch wenn die Herausforderung groß ist, wirst du an ihr wachsen. Du bist auch in der Lage, sie alleine anzugehen, ohne gleich jemanden zu Hilfe zu rufen. Deinen Glauben an dich selber kannst du dir bewahren, auch wenn der Wind scharf von vorne bläst und andere deine Entscheidung kritisieren. Veränderungen siehst du in dieser Phase als positiv – und das sind sie auch.

Gedreht: Du fühlst dich zu schüchtern, um die Entscheidung zu treffen, die dir doch als logisch und unumgänglich vor Augen schwebt. Aber das hat nicht viel zu bedeuten, wenn du zu zögerlich bist, dich festzulegen. Es kann sogar sein, dass du ständig zwischen verschiedenen Dingen hin und her schwankst. Du findest in dir einfach keine eindeutige Antwort, kein Gefühl, mit dem du dich wohl fühlst. Daher wirst du einsehen müssen, dass es eine perfekte Lösung nur ganz selten gibt. Wichtig ist, aktiv zu werden, anstatt zu warten, bis alle Chancen und Möglichkeiten endgültig an dir vorbei gezogen sind. Im Zweifelsfall musst du eben eine rein intellektuelle Entscheidung treffen. Die du dann aber auch durchziehen solltest!

TULPE

Intuition – Gefühl – Sensibilität

Du verlässt dich sehr stark auf dein Gefühl, und das mit Recht.
Denn in letzter Zeit merkst du, dass du ein sehr gutes Gespür für
die Menschen um dich herum entwickelst. Du kannst sie gut einschätzen und täuschst dich selten. Achte darauf, ob du in nächster
Zeit jemanden triffst, der sich verstellt und der dich täuschen möchte. Wenn du dies durchschaust, wirst du dir oder einer Freundin viel
Ärger ersparen.

Gedreht: Du meinst, du kennst deine Umgebung zur Genüge und
nichts könnte dich mehr erschüttern. Du bist recht stolz darauf,
andere gut einschätzen zu können. Vorsicht! Du könntest dich täuschen und in nächster Zeit eine Überraschung erleben. Gute Freunde könnten sich weiterentwickelt haben und plötzlich einen ganz
anderen Weg als den gewohnten einschlagen wollen. Die gedrehte
Tulpe musst du gar nicht zwingend negativ deuten – es kann dich
auch durchaus jemand einmal positiv überraschen!

VEILCHEN

Selbstbewusstsein – Stärke

Stell dein Licht nicht allzu sehr unter den Scheffel! Wenn du etwas gut gemacht hast oder etwas ganz allein dein Verdienst ist, dann sollen das auch ruhig alle wissen. Gerade Mädchen neigen dazu, ihre Stärken herunterzuspielen. Eine Hexe sollte dies nicht tun, das mindert ihre Kraft und ihre magische Energie! Sei stolz auf das, was du bist und kannst. Und lass dir von niemandem einreden, ohne ihn wärst du nichts. Teamarbeit ist wichtig. Aber du alleine zählst genauso viel.

Gedreht: In dieser Position weist dich das Veilchen darauf hin, dass du in nächster Zukunft ruhig ein wenig bescheidener auftreten könntest. Nicht alles ist allein dein Verdienst, vieles entsteht erst in Teamarbeit. Doch dafür scheint dir im Moment ein wenig der Blick zu fehlen. Damit stößt du vielleicht andere vor den Kopf, die sich nicht ausreichend geschätzt fühlen. Möglicherweise hast du auch schon selber gespürt, dass die Atmosphäre um dich herum ein wenig angespannt ist. Natürlich brauchst du jetzt nicht ins andere Extrem zu verfallen und auf nichts mehr wirklich stolz zu sein. Doch Ehre wem Ehre gebührt. Du wirst sehen, auch du wirst dich gleich viel wohler in deinem Umfeld fühlen.

VERGISSMEINNICHT

Verlässlichkeit – Unterstützung

Diese Karte deutet darauf hin, dass du in einer Bindung lebst, auf die du dich sehr verlassen kannst. Diese kann romantisch sein, aber auch rein freundschaftlich oder sogar familiär. Auch in schwierigen Zeiten, in denen du dich vielleicht sogar schon befindest oder die bevorstehen, kannst du dich auf diese Bindung verlassen. Man akzeptiert dich so, wie du bist. Das gibt dir die Kraft, auch einmal Neues auszuprobieren. Und gerade das solltest du auch tun: Wag dich hinaus in die Welt, probier dich aus und finde etwas, für das du dich wirklich begeistern kannst.

Gedreht: Bei allem, was du in nächster Zeit vorhast, vergiss deine Freunde und deine Familie nicht. Diese Karte warnt dich, die Bindungen, die dir wichtig sind, auch bei Projekten, die dich voll in Anspruch nehmen, nicht aus den Augen zu verlieren und für sie da zu sein. Kann es sein, das einer deiner Freunde gerade deine Unterstützung sehr brauchen könnte, du aber keine Zeit für ihn hast? Überprüfe noch einmal deine Prioritäten. Sicher brauchst du Freiraum, um deine eigenen Projekte zu verwirklichen. Aber deine Freunde solltest du nicht enttäuschen.

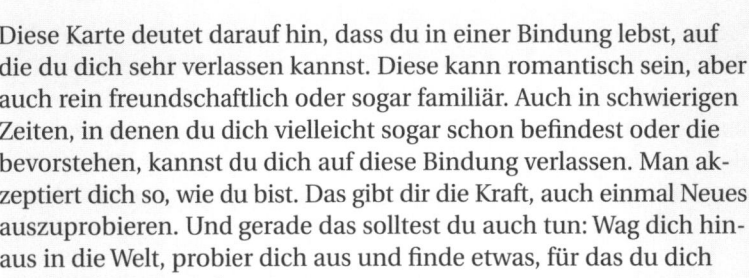

Wacholder

Freundschaft – Sicherheit – Angriff

Der Wacholder kündigt Schutz an, und zwar genau dann, wenn du ihn am nötigsten hast. Wenn alles drunter und drüber geht, wird etwas geschehen, was dir deine Schwierigkeiten entscheidend erleichtert. Sehr wahrscheinlich wird dir ein Freund zur Seite stehen, der dich unterstützt und dich eventuell sogar verteidigt. Möglicherweise kommt diese Unterstützung auch von einer sehr überraschenden Seite, von einem Freund, mit dem du eigentlich zerstritten bist, oder von deiner Mutter, von der du niemals gedacht hättest, dass sie deine Situation versteht.

Gedreht: Dies ist keine gute Karte, denn sie scheint vorauszusagen, dass du in der nächsten Zeit allerlei Kritik ausgesetzt bist. Schlimmer noch, du kannst diese Kritik, die von Freunden oder deiner Familie kommt, nicht recht nachvollziehen. Ein bisschen siehst du dich als Opfer. Wenn du also wirklich davon überzeugt bist, dass die Angriffe ungerechtfertigt sind, dann habe keine Angst, für deine Überzeugungen einzustehen. Und erkläre dich!

Es kann aber genauso gut sein, dass die Karte auch ganz einfach auf eine Abfolge von peinlichen Situationen hinweist. Leider werden sie vor allem für dich peinlich sein – und nicht für andere. Trage es mit Fassung, es kommen auch wieder andere Zeiten.

WEIDE

Trauer – Sorgen – Verständnis

Du bist emotional aufgewühlt. Und das aus gutem Grund, denn du hast echte Sorgen. Die Weide ist der Baum der Trauer, also kann es auch sehr gut sein, dass du dich wirklich traurig fühlst. Jetzt ist es an der Zeit, sich an eine mitfühlende Freundin oder an deine Eltern zu wenden und die Sorgen einmal abzuladen. Verlass dich auf die, denen du vertraust und zögere nicht, ihre Unterstützung einzufordern. Zuwendung und Verständnis werden dir helfen, so schnell wie möglich zu deiner alten Kraft zurückzufinden.

Gedreht: Du bist sehr erleichtert, denn das, was du befürchtet hattest, ist nicht eingetreten. Glück gehabt! Dennoch solltest du dich das nächste Mal besser vorbereiten. Vielleicht siehst du auch nach einer schwierigen Phase wieder Licht am Ende des Tunnels. In jedem Falle kannst du wieder Pläne schmieden und hast Spaß am Leben. Die zurückliegenden Erfahrungen sind dennoch nicht spurlos an dir vorübergegangen. Du fühlst dich reifer und möchtest einige deiner Prioritäten und Ziele neu überdenken. Tu das und lass dein neues Ich in deine Entscheidung mit einfließen!

ZAUBERNUSS

Verzauberung – Illusion – Enttäuschung

Diese Karte warnt dich: Du bist von einer Person oder einer Idee so „verzaubert", dass dein Urteilsvermögen darunter leidet. So eine unüberlegte, übereilte Begeisterung kann leicht zu einer Enttäuschung führen. In einer Beziehung heißt dies oft, dass die Leidenschaft nicht wirklich auf echtem Gefühl basiert, sondern einfach eine vorübergehende Schwärmerei ist. Vielleicht machst du dir auch Illusionen über jemanden. Du solltest vorsichtiger sein. Genieße den Augenblick und wehre dich nicht gegen deine Gefühle. Aber versuche gleichzeitig immer, mindestens einen Fuß auf dem Boden zu behalten.

Gedreht: Es kann sein, dass sich etwas, auf das du gehofft hattest, nicht verwirklicht. Bereite dich also besser schon einmal geistig darauf vor. Es wird keine wirklich schlimme Nachricht sein, aber es könnte doch sein, dass es dich trifft. Vielleicht wirst du eine Zeit brauchen, mit der Enttäuschung fertig zu werden, aber du wirst gestärkt aus dem Rückschlag herausgehen. Es kann sein, dass es sich um eine neue Liebe handelt, die du dir sehr gewünscht hast. Auch wenn du noch so verliebt bist, manchmal wird deine Zuneigung einfach nicht erwidert werden. Das ist immer eine schlimme Erfahrung, egal wie alt und erfahren man ist. Du darfst in dieser Situation nicht anfangen, an dir zu zweifeln. Ihr habt einfach nicht zusammengepasst. Der Nächste wird ganz von dir bezaubert sein. Und dann wird es der Richtige sein!

ZITRONE

Stärke – Entschlossenheit

Du fühlst dich eingeengt. Du möchtest gerne ausbrechen, anders leben als bisher und findest, man lässt dich nicht. Du stößt überall an Grenzen und denkst, du bist unverstanden. Die Karte der Zitrone sagt dir: Halte an deinen Plänen fest. Aber überdenke deine Art, sie zu kommunizieren. Bist du sicher, dass alle genau verstehen, worum es dir geht? Warum dir deine Pläne so wichtig sind? Und wie genau du sie umsetzen möchtest? Vielleicht ist der ein oder andere Einwand ja auch durchaus berechtigt, ohne dass er dich und das, was du vorhast, komplett in Frage stellt. Um deine Projekte realisieren zu können, kannst du nicht stur deinen Weg alleine gehen. Du brauchst andere auf deiner Seite, die dich unterstützen, falls mal etwas nicht so laufen sollte, wie du dir das denkst. Und dieser Zeitpunkt kommt bestimmt.

Gedreht: Kann es sein, dass du zu klein denkst? Unterschätzt du deine Möglichkeiten? Reden dir andere gut zu, einmal dies oder das auszuprobieren? Und du erwiderst: Das schaffe ich nicht! Das passt nicht zu mir! Du unterschätzt dich. Grabe einmal tief nach deinem Freiheitsdrang und gib ihm nach. Ergreife die nächste Gelegenheit, etwas zu tun, das du für völlig verrückt hältst. Nur gefährlich sollte es natürlich nicht sein ... Du solltest deine eigenen Grenzen ausweiten (und dabei nicht leichtsinnig sein).

DAS ROSEN-ORAKEL

Zum Schluss möchte ich dir noch ein kleines Orakel verraten, das einfach, schnell und vor allem sehr romantisch ist: das Rosenorakel. Es handelt sich hierbei nicht um ein beliebiges „Erliebtmicherliebtmichnicht", bei dem man der Blume jedes Blütenblatt einzeln herauszupft und dabei jedes einzelne ein „Er liebt mich" und ein „Er liebt mich nicht" repräsentieren lässt. Das letzte Blütenblatt bestimmt hierbei die „wahre" Aussage. Viele angehende Hexen verwechseln dieses Kinderspiel mit einem Orakel.

Das Rosenorakel eignet sich besonders dann, wenn du nicht weißt, welchen Schwerpunkt du in deinem Leben setzen sollst. Oft arbeiten wir ganz besonders hart an Dingen, die uns im Leben nicht wirklich weiter bringen, ja sogar blockieren. Andere Themen wiederum, die uns mehr Perspektiven eröffnen würden, vernachlässigen wir zur selben Zeit. Wir spüren dies unbewusst, haben uns vielleicht auch alle rationalen Argumente bereitgelegt, und doch benötigen wir noch einmal die Konzentration und die Orientierungshilfe eines Orakels.

Ein konkretes Beispiel: Du steckst mitten in einer sehr komplizierten Beziehung, die dich ganz in Anspruch nimmt. Ihr streitet viel, du bist oft traurig. Doch du versuchst mit aller Macht, eine Lösung für eure Probleme zu finden. Familie, Freunde, Schule – diese wichtigen Themen in deinem Leben kommen dabei zu kurz, das ist dir klar. Nun willst du das Orakel befragen, auf welches Thema du in deinem Leben einen Schwerpunkt setzen sollst. Ist es richtig, so um deine Liebe zu kämpfen und dabei alles andere zu vernachlässigen?

Für eine solche Situation ist das Rosenorakel sehr gut geeignet. Zudem handelt es sich um eine „Liebesfrage" und hierfür – das weißt du sicherlich von deinen Zaubermixturen – sind die Rosen im besonderen Maße zuständig!

Du benötigst:
- *Rote, rosafarbene, pinkfarbene und gelbe Rosenblätter in gleicher Anzahl (mind. 20 Stück von jeder Farbe)*
- *Ein Blatt Papier*
- *Einen Stift*

Und so geht's:

① Du ziehst den magischen Kreis.

② Du legst das Blatt Papier und den Stift in die Mitte des Kreises. Dann schreibst du deine Frage auf das Blatt Papier. Nimm dir Zeit und „male" die Buchstaben, schmücke sie aus, füge kleine Zeichnungen hinzu. Je länger du dich mit dem Schreiben der Frage beschäftigst, desto konzentrierter wird deine magische Energie innerhalb des Kreises sein.

③ Du setzt dich in den Schneidersitz vor das Blatt Papier, atmest ruhig und gleichmäßig. Konzentriere dich voll auf deine Frage. Wiederhole sie immer wieder im Geiste.

④ Dann nimmst du die Rosenblätter in beide Hände und sagst:

> Seid die Träger meiner Wünsche,
> Gebt dem Schicksal einen Schubs,
> Zeigt mir den Weg.

5 Jetzt wirfst du die Rosenblätter in die Höhe und lässt sie auf das Blatt herunterregnen. Die Farbe, die du am meisten auf dem Blatt findest, weist dir den Weg zu einer Antwort.

Rot: Folge der Stimme deines Herzens. Wirf die Bedenken über Bord und lass dich von deinen Gefühlen leiten.

Rosa: Aus Freundschaft könnte Liebe werden. Pass auf, dass du nicht an deiner wahren Liebe vorbei läufst, weil du auf den Blitz wartest, der dich aus heiterem Himmel trifft.

Pink: Achte darauf, dass du keine Freundschaft für eine vorübergehende Schwärmerei aufs Spiel setzt. Die wahre Liebe ist oft schwer zu erkennen. Du wirst noch oft enttäuscht werden. Freundschaft und Familie aber werden dich nie im Stich lassen.

Gelb: Kümmere dich vor allem um dich selber. Du hast ein großes Potenzial, das du besser entwickeln solltest. Wer ewig auf die wahre Liebe wartet, ohne selber zu leben, verpasst viel!

Bibliografische Information Der Deutschen Bibliothek
Die Deutsche Bibliothek verzeichnet diese Publikation in der
Deutschen Nationalbibliografie; detaillierte bibliografische Daten
sind im Internet über http://dnb.ddb.de abrufbar.

1. Auflage 2003
Copyright by Egmont vgs verlagsgesellschaft, Köln 2003
Alle Rechte vorbehalten
© des ProSieben-Titel-Logos mit freundlicher Genehmigung der
ProSieben Television GmbH

Lektorat: Alexandra Panz
Produktion: Angelika Rekowski
Umschlaggestaltung: Sens, Köln
Satz und Layout: so.wie?so!, Köln / Karen Kühne, Köln
Druck: Clausen & Bosse, Leck
Printed in Germany
ISBN 3-8025-3222-8

Besuchen Sie unsere Homepage: www.vgs.de

Maja Sonderbergh
**DAS BUCH
DER SCHATTEN**
112 Seiten · ISBN 3-8025-2850-6

Maja Sonderbergh
**DAS BUCH
DER ZAUBERSPRÜCHE**
112 Seiten · ISBN 3-8025-2493-4

Maja Sonderbergh
**DAS BUCH
DER ZAUBERTRÄNKE**
Die wirksamsten Rezepturen und
magischen Sprüche
112 Seiten · ISBN 3-8025-2952-9

Tamara Morgenstern
GEHEIME LIEBESZAUBER
Verschollene Kapitel aus dem
Buch der Schatten
128 Seiten · ISBN 3-8025-2567-1

Maja Sonderbergh
HEXENAKADEMIE
Bist du bereit? Prüfe dein Wissen!
128 Seiten · ISBN 3-8025-2954-5

Maria May
ZAUBERPOWER
Magische Hexentipps
112 Seiten · ISBN 3-8025-1451-3

Maria May
ASTROTIPPS FÜR HEXEN
Was die Sterne über dich und
eine Zukunft verraten
112 Seiten · ISBN 3-8025-1490-4

Karin Schramm
**ZAUBERHAFTE
HEXENSPRÜCHE**
Liebe, Glück und Freundschaft
112 Seiten · ISBN 3-8025-2733-X

Yan d'Albert
DAS BUCH DER MAGIE
Von Abracadabra bis Zauberkräuter
144 Seiten · ISBN 3-8025-2924-3

Maria May
HANDLESEN FÜR HEXEN
128 Seiten · ISBN 3-8025-2953-7

Rosenzweig/Koenig
**DAS BUCH
DER DÄMONEN**
Monster, Geister, Schattenwesen
176 Seiten · ISBN 3-8025-2900-6

Yan d'Albert
**DAS BUCH DER
MAGISCHEN RITUALE**
Liebe, Freundschaft, Hexenkult
144 Seiten · ISBN 3-8025-2962-6